학습 진도표

본책은 오늘, 워크북은 내일! 부담되지 않은 분량을 정해서 꾸준히 공부하세요.

	학습 분량		학습일		학습 분량		학습일
Unit 1	1일차	☐ Main book	월 일	Unit 11	21일차	☐ Main book	월 일
	2일차	☐ Workbook	월 일		22일차	☐ Workbook	월 일
Unit 2	3일차	☐ Main book	월 일	Unit 12	23일차	☐ Main book	월 일
	4일차	☐ Workbook	월 일		24일차	☐ Workbook	월 일
Unit 3	5일차	☐ Main book	월 일	Unit 13	25일차	☐ Main book	월 일
	6일차	☐ Workbook	월 일		26일차	☐ Workbook	월 일
Unit 4	7일차	☐ Main book	월 일	Unit 14	27일차	☐ Main book	월 일
	8일차	☐ Workbook	월 일		28일차	☐ Workbook	월 일
Unit 5	9일차	☐ Main book	월 일	Unit 15	29일차	☐ Main book	월 일
	10일차	☐ Workbook	월 일		30일차	☐ Workbook	월 일
Unit 6	11일차	☐ Main book	월 일	Unit 16	31일차	☐ Main book	월 일
	12일차	☐ Workbook	월 일		32일차	☐ Workbook	월 일
Unit 7	13일차	☐ Main book	월 일	Unit 17	33일차	☐ Main book	월 일
	14일차	☐ Workbook	월 일		34일차	☐ Workbook	월 일
Unit 8	15일차	☐ Main book	월 일	Unit 18	35일차	☐ Main book	월 일
	16일차	☐ Workbook	월 일		36일차	☐ Workbook	월 일
Unit 9	17일차	☐ Main book	월 일	Unit 19	37일차	☐ Main book	월 일
	18일차	☐ Workbook	월 일		38일차	☐ Workbook	월 일
Unit 10	19일차	☐ Main book	월 일	Unit 20	39일차	☐ Main book	월 일
	20일차	☐ Workbook	월 일		40일차	☐ Workbook	월 일

끊어 읽기로 빠르고 정확한 독해 완성하기

기적의 직독직해

80 words B

E2K 지음

길벗스쿨

기적의 직독직해: 80 words B
Miracle Series – Quick Reading and Understanding

초판 발행 · 2024년 12월 12일

지은이 · E2K
발행인 · 이종원
발행처 · 길벗스쿨
출판사 등록일 · 2006년 7월 1일 | **주소** · 서울시 마포구 월드컵로 10길 56(서교동)
대표 전화 · 02)332-0931 | **팩스** · 02)322-3895
홈페이지 · www.gilbutschool.co.kr | **이메일** · gilbut@gilbut.co.kr

기획 및 책임 편집 · 이경희, 김소이(soykim@gilbut.co.kr) | **디자인** · 강은경, 신세진 | **제작** · 손일순
영업마케팅 · 문세연, 박선경, 박다슬 | **웹마케팅** · 박달님, 이재윤, 이지수, 나혜연 | **영업관리** · 정경화
독자지원 · 윤정아

전산편집 · 연디자인 | **표지 삽화** · 오킹 | **본문 삽화** · 류은형 | **감수** · Ryan P. Lagace
인쇄 · 대원문화사 | **제본** · 경문제책 | **녹음** · 와이알미디어

* 잘못 만든 책은 구입한 서점에서 바꿔 드립니다.
* 이 책은 저작권법에 따라 보호받는 저작물이므로 무단전재와 무단복제를 금합니다.
  이 책의 전부 또는 일부를 이용하려면 반드시 사전에 저작권자와 길벗스쿨의 서면 동의를 받아야 합니다.

ⓒE2K, 2024
ISBN 979-11-6406-849-4 64740 (길벗 도서번호 30625)
      979-11-6406-874-6 64740 (세트)
정가 16,000원

독자의 1초까지 아껴주는 길벗출판사

(주)도서출판 길벗 | IT교육서, IT단행본, 경제경영, 교양, 성인어학, 자녀교육, 취미실용
www.gilbut.co.kr

길벗스쿨 | 국어학습, 수학학습, 어린이교양, 주니어 어학학습, 학습단행본
www.gilbutschool.co.kr

길벗스쿨 공식 카페 〈기적의 공부방〉 · cafe.naver.com/gilbutschool
인스타그램 / 카카오플러스친구 · @gilbutschool

기적의 직독직해

끊어 읽기를 통한 직독직해 연습은
영어 이해력, 읽기 속도, 정확성을 동시에 키워주는 필수 학습법입니다.

초등 저학년 단계에서는 주로 단어와 문맥을 통해 대략적인 의미를 유추하며 읽었다면, 고학년 시기에는 시험 영어에 대비해 문장을 정확하고 빠르게 이해하며 읽는 능력이 필요합니다. 문장을 의미 단위로 나누어 읽는 '끊어 읽기'를 연습하면 주어, 동사, 목적어 같은 문장 요소들을 자연스럽게 파악할 수 있으며, 길고 복잡한 문장도 더 쉽게 이해할 수 있게 됩니다. 이렇게 하면 문장을 앞뒤로 왔다갔다 하지 않고도 어순 그대로 읽으면서 즉시 이해하는 '직독직해' 실력이 길러집니다.

1. 빠르고 정확한 문장 이해를 위한 끊어 읽기 훈련
의미 단위별 끊어 읽기를 통해 문장 전체를 정확히 이해하며 문장 구조를 파악하는 능력을 키웁니다.

2. 다양한 장르의 흥미로운 글감을 골고루!
고학년 학생들의 흥미를 유발하는 뉴스와 지식, 전기문, 고전 동화, 창작 스토리 등 다양한 장르를 담았으며, 권당 160~200개의 연관 키워드를 함께 익힐 수 있도록 구성했습니다.

3. 직독직해 실력을 높이는 핵심 문법과 문장 구조 알기
〈Grammar Point〉, 〈직독직해 Boost Up!〉 코너를 통해 주요 문법과 핵심 문장 구조를 익히고 실전에 활용할 수 있도록 합니다.

How to Study

독해 실력이 늘어나는 4단계 구성

Step 1
리딩 지문 읽기

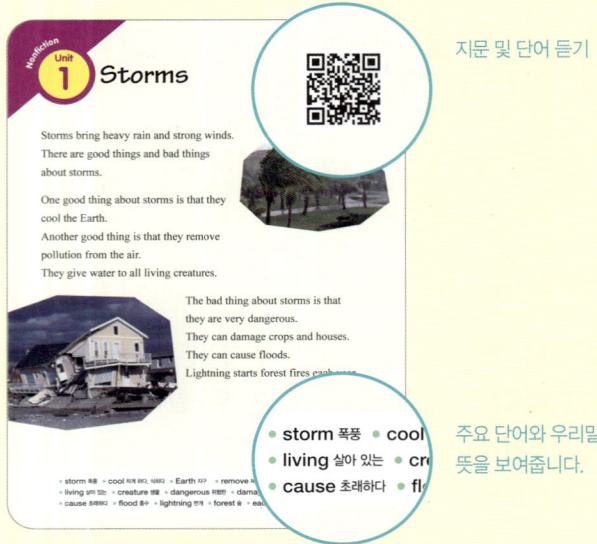

지문 및 단어 듣기

주요 단어와 우리말 뜻을 보여줍니다.

먼저, 지문을 읽습니다. QR코드를 찍어서 원어민 음성을 들으며 눈으로 지문을 쫓아 읽습니다. 이 과정에서 주제와 대략적인 내용을 파악한 다음, 정확한 이해를 위해 문장 하나하나를 자세히 읽어 나갑니다.
낯선 어휘는 하단의 단어 박스를 통해 의미를 참고합니다.

Step 2
확인 테스트

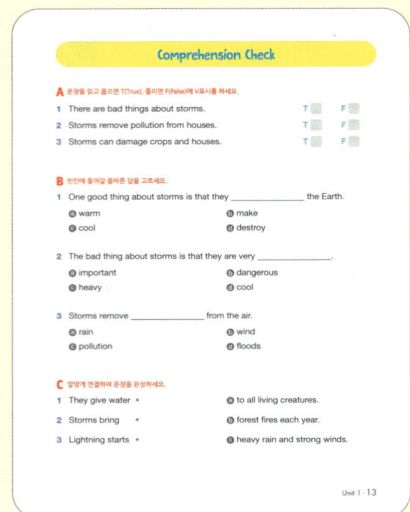

지문 내용을 잘 이해했는지 문제를 통해 확인합니다.
- **A유형** 서술된 문장이 옳은지 그른지를 판단하여 T 또는 F에 V 표시하기
- **B유형** 지문 내용을 토대로 빈칸에 들어갈 알맞은 단어 고르기
- **C유형** 서로 짝을 이루는 어구를 연결해 문장 완성하기

길벗스쿨 e클래스

eclass.gilbut.co.kr
길벗스쿨 e클래스에서 내려 받으세요.

- MP3 바로 듣기 및 전체 다운로드
- 워크시트 5종 다운로드

Grammar Point

해석이 까다로운 문장도 쉽게 읽는 핵심 문법

문장 구조가 복잡해서 해석이 어려운 문장을 한 눈에 파악할 수 있는 핵심 문법 포인트를 설명합니다. 문법과 구조를 이해하여 긴 문장도 쉽게 직독직해 할 수 있습니다.

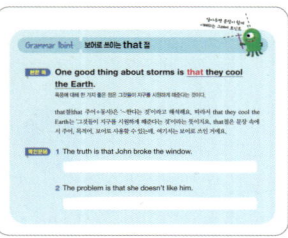

Step 3
끊어 읽기 연습

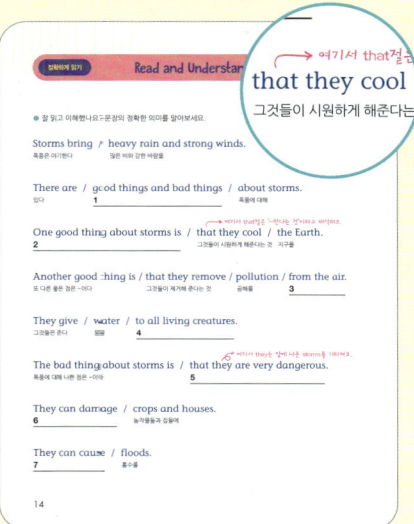

정확한 문장 독해를 위해, 의미 단위로 단어들을 뭉쳐서 뜻을 파악하는 연습을 합니다.
/(슬래시)로 구분된 영어 어구와 그에 해당하는 우리말 뜻을 확인하며 다시 한 번 지문을 읽어 나갑니다. 빈칸을 채우면서 해석에 주의가 필요한 문장들의 뜻을 제대로 이해했는지 확인합니다.

Step 4
워크북 활동

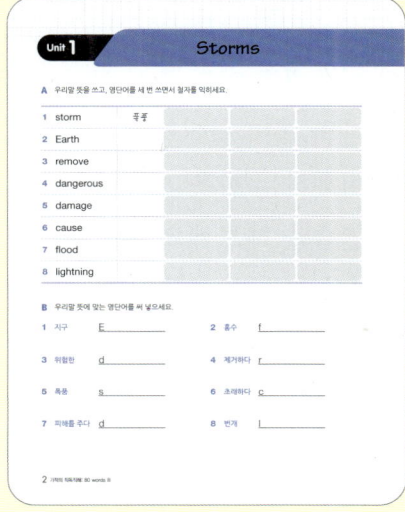

본책 학습 후 워크북 풀이를 통해 어휘력 보강과 지문 복습을 합니다.
- **A유형** 본책에서 다룬 필수 어휘를 따라 쓰며 뜻 익히기
- **B유형** 우리말 뜻에 알맞은 영단어 쓰기
- **C유형** 단어 선택 문제를 풀며 지문을 다시 한 번 철저하게 복습하기

부가 학습자료 • 총정리 테스트 • 무료 워크시트 5종

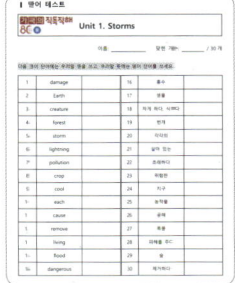
단어 테스트

끊어 읽기 연습

딕테이션

영작 연습

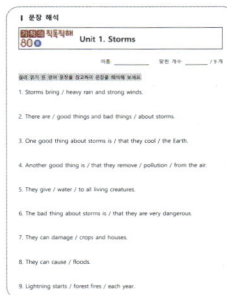
문장 해석

직독직해 Boost Up!

직독직해를 위한 가이드!

우리가 영어를 어렵게 느끼는 가장 큰 이유는 우리말과 영어의 서로 다른 어순 때문일 겁니다. 우리말은 '나는 물을 마신다'라는 어순이지만, 영어는 '나는 마신다 물을'로 우리말과 다른 어순을 갖기 때문이에요. 영어를 우리말 순서에 맞춰 해석하는 것은 좋지 않은 습관입니다. 영어 어순 그대로 읽어가며 바로바로 뜻을 파악하는 영어식 사고에 익숙해져야 해요. 그렇게 되면 리딩 속도가 빨라지는 것은 물론, 더욱 정확하고 완벽한 독해를 해낼 수 있습니다.

영어 어순대로 읽는 즉시 문장의 뜻을 이해하는 것, 즉 직독직해를 할 수 있으려면 단어들을 묶어서 하나의 의미 덩어리로 읽어낼 수 있어야 해요. 일명 '끊어 읽기' 연습을 통해 의미 단위로 구분하여 이해하는 힘을 기를 수 있습니다. 다음에 제시하는 기본 규칙을 적용하여 의미 단위로 끊어 읽는 연습을 해보세요. 많은 글을 읽으며 연습하다 보면 문장을 파악하는 감각이 저절로 생겨날 것입니다.

'주어+동사'를 찾아서 해석해요.

영어 문장은 '누가'(주어)+'행동한다'(동사)를 나타내는 단어들로 시작해요. 어디까지가 '누가'를 나타내고 어디까지 '행동한다'를 의미하는지 파악하는 게 무엇보다 중요합니다. '주어+동사'를 찾아서 한 묶음으로 끊어 이해해 보세요.

예
The sun rises / in the east.
해가   뜬다

She washes / her hands.
그녀는 씻는다

Dorothy and her dog, Toto, follow / the yellow brick road.
도로시와 그녀의 개 '토토'는   따라간다   ⋯ 주어가 길어지는 경우도 있어요.

They will be waiting / for you.   ⋯ 동사구가 여러 단어로 이루어지기도 해요.
그들은   기다리고 있을 것이다

'주어+동사' 뒤에 명사가 올 때

'누가 ~한다'라는 말 뒤에는 보통 '무엇을'이란 말이 나옵니다.

예 Jason ate / ice cream.
제이슨은 먹었다   아이스크림을

Birds drink / water / every day.
새는 마신다   물을

be동사 뒤에 오는 '명사'는 신분이나 정체를 나타냅니다. 그래서 '주어+be동사+명사'는 주로 '주어는 (신분이) ~이다'로 이해하면 됩니다.

예 She is / a nurse.
그녀는   간호사다

Mozart was / a genius musician.   ← 명사 앞에 명사를 수식하는 말이 들어가기도 해요.
모차르트는   천재 음악가였다

'주어+동사' 뒤에 형용사가 올 때

주어+동사 뒤에 형용사가 올 때는 주어의 상태가 어떠한지를 말해요. '누가 (기분이) 어떠하다' 또는 '무엇이 (상태가) 어떠하다'라고 해석합니다.

예 Jane feels / happy.
제인은 느낀다   행복한   ← 제인은 행복하다

This food smells / bad.
이 음식은 냄새 난다   안 좋은   ← 이 음식은 안 좋은 냄새가 난다

My father is / sick / with the cold.
아빠는 ~이다   아픈   ← 아빠는 아프다

'주어+동사' 뒤에 '전치사+명사'가 올 때

'어디에서'를 나타내는 덩어리들은 보통 '전치사+명사'로 이루어집니다. at, on, in, from 등이 대표적인 전치사예요.

예 They danced / on the stage.
그들은 춤췄다   무대에서

Amy came / from Chicago.
에이미는 왔다   시카고에서

Some animals live / in the desert.
몇몇 동물들이 산다   사막에

'전치사+명사' 덩어리가 '언제'를 나타내기도 합니다.

예) **Deserts are cold / at night.**
사막은 춥다   밤에

I have a test / on Monday.
나는 시험이 있다   월요일에

He gets up early / in the morning.
그는 일찍 일어난다   아침에

문장 중간에 'to+동사원형'이 올 때

주어+동사 외에 또 다른 동사가 문장 중간에 등장할 때가 있어요. 'to+동사원형' 형태의 덩어리들은 다양하게 해석될 수 있는데, 맥락에 따라 '~하기 위해서' 또는 '~하는 것', '~할/~하는'으로 해석됩니다.

예) **I saved / some money / to help my friend.**   ← to: ~하기 위해
나는 저축했다 돈을   내 친구를 돕기 위해

I will go / to the library / to borrow some books.   ← to: ~하기 위해
나는 갈 것이다 도서관에   책을 몇 권 빌리러

It is fun / to ride bicycles.   ← to: ~하는 것
재미있다   자전거를 타는 것은

I need some water / to drink.   ← to: ~할
나는 물이 필요하다   마실

'주어+동사' 뒤에 목적어가 두 개 올 때

주어+동사 뒤에 목적어가 두 개 올 때는 '…에게 ~을 한다'라는 의미로 해석하면 됩니다.

예) **Mr. Brown teaches / us / English.**
브라운 선생님은 가르친다   우리에게 영어를

I gave / Jane / a Christmas card / last Sunday.
나는 줬다 제인에게 성탄절 카드를

'주어+동사+목적어' 뒤에 목적어를 보충 설명하는 말이 올 때

주어+동사 뒤에 목적어 하나가 오는 것으로 그치지 않고, 목적어의 상태를 나타내는 단어가 같이 따라올 수 있어요. 이때는 '목적어를 ~하게 만든다/한다'라고 해석합니다.

- 예) This book made / me / happy.
  이 책은 만들었다   나를   행복하게

  They named / their baby / Sam.
  그들은 이름붙였다   그들의 아기를   샘이라고

접속사나 쉼표(,)를 기준으로 의미가 나뉠 때

그리고(and), 그러나(but), 왜냐하면(because), ~할 때(when) 등 다양한 의미의 접속사를 중심으로 의미가 나뉩니다. 문장을 읽어가다 내용의 흐름을 바꾸는 이러한 접속사가 나오면 끊어 읽기를 하세요.

- 예) He came to the party / but she didn't.
  그는 파티에 왔다   하지만 그녀는 안 왔다

  My mom peeled the potatoes, / and I washed the lettuce.
  엄마가 감자를 벗겼다   그리고 나는 상추를 씻었다

  Pam is worried / because her cat is ill.
  팸은 걱정한다   왜냐하면 그녀의 고양이가 아프기 때문이다

문장 앞에 삽입구가 들어갈 때

주어+동사로 시작하기 전에 문장 앞에 삽입구가 오기도 합니다. 삽입구 뒤에 보통 쉼표(,)가 따라오기 때문에 주어+동사와 쉽게 구분할 수 있어요.

- 예) One day, / I found an old sticker.
  어느 날   나는 오래된 스티커를 발견했다

  For example, / ants have three body parts.
  예를 들면   개미는 몸통이 세 부분으로 나누어져 있다

  Thanks to your help, / I could finish my homework.
  너의 도움 덕분에   내 숙제를 끝낼 수 있었어

Contents

Unit 1	Storms 폭풍	Nonfiction	12
Unit 2	Doing House Chores 집안일 하기	Short Story	16
Unit 3	Butterflies and Moths 나비와 나방	Nonfiction	20
Unit 4	Hansel and Gretel 헨젤과 그레텔	Classic Story	24
Unit 5	Desert Life 사막에서의 삶	Nonfiction	28

Word Puzzle — 32

Unit 6	The New Classmate 새로운 반 친구	Short Story	34
Unit 7	Skin 피부	Nonfiction	38
Unit 8	The Jungle Book 정글북	Classic Story	42
Unit 9	Animal Eyes 동물의 눈	Nonfiction	46
Unit 10	What Would Dad Say? 아빠는 뭐라고 말씀하실까?	Short Story	50

Word Puzzle — 54

Unit 11	**From Farm to Table** 농장에서 식탁까지 | Nonfiction	56
Unit 12	**The Fox and the Grapes** 여우와 포도 | Classic Story	60
Unit 13	**Anne Sullivan** 앤 설리번 | Nonfiction	64
Unit 14	**A Four-Wheel Bike** 네발자전거 | Short Story	68
Unit 15	**The Senses of Smell & Hearing** 후각과 청각 | Nonfiction	72
Word Puzzle		76
Unit 16	**The Shoemaker and the Elves** 구두장이와 요정들 | Classic Story	78
Unit 17	**What Is in the Air?** 공기 중에는 무엇이 있을까? | Nonfiction	82
Unit 18	**The Elephant and the Bird** 코끼리와 새 | Short Story	86
Unit 19	**Louis Pasteur** 루이 파스퇴르 | Nonfiction	90
Unit 20	**The Goose with the Golden Eggs** 황금알을 낳는 거위 | Classic Story	94
Word Puzzle		98
Key Words 160		100

Unit 1 Storms

Storms bring heavy rain and strong winds.
There are good things and bad things about storms.

One good thing about storms is that they cool the Earth.
Another good thing is that they remove pollution from the air.
They give water to all living creatures.

The bad thing about storms is that they are very dangerous.
They can damage crops and houses.
They can cause floods.
Lightning starts forest fires each year.

- **storm** 폭풍 ● **cool** 차게 하다, 식히다 ● **Earth** 지구 ● **remove** 제거하다 ● **pollution** 공해
- **living** 살아 있는 ● **creature** 생물 ● **dangerous** 위험한 ● **damage** 피해를 주다 ● **crop** 농작물
- **cause** 초래하다 ● **flood** 홍수 ● **lightning** 번개 ● **forest** 숲 ● **each** 각각의

Comprehension Check

A 문장을 읽고 옳으면 T(True), 틀리면 F(False)에 V표시를 하세요.

1   There are bad things about storms.   T ☐   F ☐
2   Storms remove pollution from houses.   T ☐   F ☐
3   Storms can damage crops and houses.   T ☐   F ☐

B 빈칸에 들어갈 올바른 답을 고르세요.

1   One good thing about storms is that they _____ the Earth.
   ⓐ warm   ⓑ make
   ⓒ cool   ⓓ destroy

2   The bad thing about storms is that they are very _____.
   ⓐ important   ⓑ dangerous
   ⓒ heavy   ⓓ cool

3   Storms remove _____ from the air.
   ⓐ rain   ⓑ wind
   ⓒ pollution   ⓓ floods

C 알맞게 연결하여 문장을 완성하세요.

1   They give water   •   ⓐ to all living creatures.
2   Storms bring   •   ⓑ forest fires each year.
3   Lightning starts •   ⓒ heavy rain and strong winds.

Read and Understand
정확하게 읽기

● 잘 읽고 이해했나요? 문장의 정확한 의미를 알아보세요.

Storms bring / heavy rain and strong winds.
폭풍은 야기한다   많은 비와 강한 바람을

There are / good things and bad things / about storms.
있다   **1** _____   폭풍에 대해

→ 여기서 that절은 '~한다는 것'이라고 해석해요.

One good thing about storms is / that they cool / the Earth.
2 _____   그것들이 시원하게 해준다는 것   지구를

Another good thing is / that they remove / pollution / from the air.
또 다른 좋은 점은 ~이다   그것들이 제거해 준다는 것   공해를   **3** _____

They give / water / to all living creatures.
그것들은 준다   물을   **4** _____

→ 여기서 they는 앞에 나온 storms를 가리켜요.

The bad thing about storms is / that they are very dangerous.
폭풍에 대해 나쁜 점은 ~이다   **5** _____

They can damage / crops and houses.
6 _____   농작물들과 집들에

They can cause / floods.
7 _____   홍수를

14

Lightning starts / forest fires / each year.
번개는 일으킨다   산불을   8 _____

→ each 뒤에는 항상 단수 명사가 와요.

알아두면 문장이 쉽게 이해되는 그래머 포인트

Grammar Point 보어로 쓰이는 **that** 절

본문 쏙 **One good thing about storms is that they cool the Earth.**
폭풍에 대해 한 가지 좋은 점은 그것들이 지구를 시원하게 해준다는 것이다.

that절(that 주어+동사)은 '~한다는 것'이라고 해석해요. 따라서 that they cool the Earth는 '그것들이 지구를 시원하게 해준다는 것'이라는 뜻이지요. that절은 문장 속에서 주어, 목적어, 보어로 사용할 수 있는데, 여기서는 보어로 쓰인 거예요.

확인문제
1 The truth is that John broke the window.
   _____

2 The problem is that she doesn't like him.
   _____

Unit 2 Doing House Chores

Sara and Cathy are worried about their mom because she is sick in bed.
They want to help their mom today.
Mom writes a list of house chores.

Wow! There are so many things to do.
Sara does the dishes. She vacuums the house.
She waters the flowers.
Cathy does the laundry. She cleans the bathroom.
She washes the dog.

Sara and Cathy are tired.
Their mom does all this work by herself.
They feel sorry for her.

- **worried** 걱정하는 - **because** ~ 때문에 - **write** 쓰다 - **list** 목록 - **house chores** 집안일
- **do the dishes** 설거지하다 - **vacuum** 진공청소기로 청소하다 - **water** 물을 주다; 물
- **do the laundry** 빨래하다 - **by herself** 그녀 혼자

Comprehension Check

A 문장을 읽고 옳으면 T(True), 틀리면 F(False)에 V표시를 하세요.

1 Sara and Cathy want to help their mom.   T ☐   F ☐
2 They have so many things to do.   T ☐   F ☐
3 Cathy writes a list of house chores.   T ☐   F ☐

B 빈칸에 들어갈 올바른 답을 고르세요.

1 Their mom is _____ in bed.
   ⓐ hiding   ⓑ sleeping
   ⓒ happy   ⓓ sick

2 Cathy _____ the dog.
   ⓐ feeds   ⓑ washes
   ⓒ walks   ⓓ brushes

3 Sara and Cathy are _____ .
   ⓐ tired   ⓑ bored
   ⓒ hungry   ⓓ thirsty

C 알맞게 연결하여 문장을 완성하세요.

1 Sara vacuums   •   ⓐ sorry for her.
2 Their mom does •   ⓑ the house.
3 They feel   •   ⓒ all this work by herself.

Unit 2 · 17

| 정확하게 읽기 | **Read and Understand** |

● 잘 읽고 이해했나요? 문장의 정확한 의미를 알아보세요.

Sara and Cathy / are worried / about their mom
사라와 캐시는   걱정을 한다   그들의 엄마에 대해

→ sick in bed는 '아파서 침대에 누운'이라는 의미예요.

because / she is sick in bed.
~때문에   **1** _____

They want / to help their mom / today.
그들은 원한다   **2** _____   오늘

Mom writes / a list of house chores.
엄마는 쓴다   **3** _____

→ to do는 앞에 나온 things를 꾸며주고 있어요.

Wow! / There are / so many things / to do.
와!   있다   정말 많은 일들이   할

→ dish는 '접시'라는 뜻인데, do the dishes라고 하면 '설거지를 하다'라는 뜻이 돼요.

Sara / does the dishes.   She vacuums / the house.
사라는   **4** _____   그녀는 진공청소기로 청소한다   집을

→ 여기서 water는 '물'이라는 명사가 아니라 '물을 주다'라는 동사로 쓰였어요.

She waters / the flowers.
5 _____   꽃에

→ laundry는 '빨랫감'이라는 뜻이고, do the laundry는 '빨래를 하다'라는 뜻이에요.

Cathy / does the laundry.   She cleans / the bathroom.
캐시는   **6** _____   그녀는 청소한다   화장실을

She washes / the dog.   Sara and Cathy / are tired.
7 _____   개를   사라와 캐시는   피곤하다

→ by herself는 아무도 없이 '그녀 혼자'라는 뜻이에요.

Their mom does / all this work / by herself.
그들의 엄마는 한다   이 모든 일을   그녀 혼자서

→ feel sorry for...는 '~에게 미안한 마음이 들다', '~가 안됐다고 여기다'라는 뜻이에요.

They feel sorry / for her.
8 _____   그녀에게

Grammar Point — 명사를 꾸며주는 〈to 동사원형〉

본문 속 **There are so many things to do.**
할 일이 정말 많다.

things를 앞에서는 many가 꾸며주고, 뒤에서는 to do가 꾸며주고 있어요. many things는 '많은 일'인데, 여기에 to do가 붙어서 '많은 할 일'이라는 뜻이 됐어요. 이렇게 to부정사(to 동사원형)는 명사 뒤에서 꾸며주는 역할도 한답니다.

확인문제

1 I have many books to read.
_____

2 Jenny has many pets to look after.
_____

Unit 3: Butterflies and Moths

We can see colorful butterflies in the daytime.
We can see gray or brown moths in the nighttime.

A butterfly has a thin and smooth body with wings.
A moth has a thick and fuzzy body with wings.

A butterfly folds its wings upward when sitting on a flower.
A moth spreads its wings downward when sitting on a leaf.

The largest butterfly in the world is about eleven inches.
The largest moth in the world is about twelve inches.

- **colorful** 형형색색의 • **moth** 나방 • **thin** 가는 • **smooth** 부드러운 • **wing** 날개 • **thick** 두꺼운
- **fuzzy** 잔털이 있는 • **fold** 접다 • **upward** 위쪽으로 • **spread** 펼치다 • **downward** 아래쪽으로
- **world** 세계 • **inch** 인치(2.54cm)

Comprehension Check

A 문장을 읽고 옳으면 T(True), 틀리면 F(False)에 V표시를 하세요.

1 Moths are gray or brown.   T ☐   F ☐
2 A butterfly has a thick and smooth body.   T ☐   F ☐
3 A 12-inch moth is the largest in the world. T ☐   F ☐

B 빈칸에 들어갈 올바른 답을 고르세요.

1 We can see moths in the _____.

   ⓐ daytime   ⓑ morning
   ⓒ nighttime   ⓓ afternoon

2 A moth has a _____ and _____ body with wings.

   ⓐ thick, smooth   ⓑ thin, smooth
   ⓒ thick, fuzzy   ⓓ thin, fuzzy

3 A butterfly folds its wings _____ when sitting on a flower.

   ⓐ upward   ⓑ downward
   ⓒ inside   ⓓ outside

C 알맞게 연결하여 문장을 완성하세요.

1 We can see   •   ⓐ its wings downward.
2 A butterfly has   •   ⓑ a thin and smooth body.
3 A moth spreads   •   ⓒ colorful butterflies in the daytime.

Read and Understand

정확하게 읽기

● 잘 읽고 이해했나요? 문장의 정확한 의미를 알아보세요.

→ butterfly(나비)의 복수형은 butterflies예요.

We can see / colorful butterflies / in the daytime.
우리는 볼 수 있다   형형색색의 나비들을   **1** _____

→ moth의 색깔을 설명하는 형용사 gray와 brown이 or(또는)로 연결됐어요.

We can see / gray or brown moths / in the nighttime.
우리는 볼 수 있다   **2** _____   밤에는

→ 어떤 body인지 설명하는 형용사 thin과 smooth가 and(그리고)로 연결됐어요.

A butterfly has / a thin and smooth body / with wings.
나비는 가지고 있다   **3** _____   날개와 함께

A moth has / a thick and fuzzy body / with wings.
나방은 가지고 있다   **4** _____   날개와 함께

A butterfly folds its wings / upward / when sitting / on a flower.
나비는 자신의 날개를 접는다   위쪽으로   **5** _____   꽃 위에

A moth spreads its wings / downward / when sitting / on a leaf.
6 _____   아래쪽으로   앉을 때   잎사귀 위에

→ large(큰)에 -est를 붙이면 최상급 표현인 largest(가장 큰)가 돼요.

The largest butterfly in the world / is about eleven inches.
세상에서 가장 큰 나비는   **7** _____

22

→ 최상급 표현 앞에는 항상 the를 붙여요.

8 The largest moth in the world / is about twelve inches.
　　　　　　　　　　　　　　　　　　약 12인치이다.

Grammar Point — when -ing

본문 쏙 A butterfly folds its wings upward **when** <u>sitting</u> on a flower.

나비는 꽃에 앉을 때 자신의 날개를 위쪽으로 접는다.

접속사 when 뒤에는 보통 〈주어+동사〉가 오지요. 그런데 이 문장에서는 when 뒤에 왜 주어가 없을까요? 원래는 when a butterfly sits on a flower인데, 앞에 a butterfly가 이미 나왔기 때문에 생략된 거예요. 이때 동사는 -ing를 붙인 형태로 바꾸기 때문에 sitting이 된 거랍니다.

확인문제 1 I always drink cola when eating pizza.

　　　　　2 We eat popcorn when watching a movie.

Unit 3 · 23

Unit 4 Hansel and Gretel

Hansel and Gretel were lost in the woods.
They couldn't find their way home.
They were scared and hungry.

Hansel and Gretel found a little house in the woods.
The house was made of bread. The roof was made of cake.
The windows were made of candies.
Hansel went up to the roof and ate the cake.
Gretel went to the window and ate the candies.
Suddenly, the door opened and an old woman appeared.
Who is she? What will happen to Hansel and Gretel?

- **lost** 길을 잃은 **woods** 숲, 나무 **couldn't** 할 수 없었다 (can't 할 수 없다)
- **found** 발견했다 (find 발견하다) **be made of** ~로 만들어지다 **went** 갔다 (go 가다)
- **ate** 먹었다 (eat 먹다) **suddenly** 갑자기 **appear** 나타나다 **happen** (일이) 일어나다

Comprehension Check

A 문장을 읽고 옳으면 T(True), 틀리면 F(False)에 V표시를 하세요.

1 Hansel and Gretel were lost in the village.   T ☐   F ☐
2 Hansel and Gretel were scared and hungry.   T ☐   F ☐
3 An old woman came out of the little house.   T ☐   F ☐

B 빈칸에 들어갈 올바른 답을 고르세요.

1 The house was made of _____.

   ⓐ bricks   ⓑ wood
   ⓒ bread   ⓓ ice

2 The roof was made of _____.

   ⓐ cake   ⓑ candies
   ⓒ chocolate   ⓓ wood

3 Gretel went to the window and ate the _____.

   ⓐ roof   ⓑ cake
   ⓒ candies   ⓓ bread

C 알맞게 연결하여 문장을 완성하세요.

1 They couldn't find   •   ⓐ and an old woman appeared.
2 The windows were   •   ⓑ made of candies.
3 The door opened   •   ⓒ their way home.

Unit 4 · 25

Read and Understand

정확하게 읽기

● 잘 읽고 이해했나요? 문장의 정확한 의미를 알아보세요.

→ be lost는 '길을 잃다'라는 뜻이에요.

Hansel and Gretel / were lost / in the woods.
헨젤과 그레텔은   길을 잃었다   **1** _____

They couldn't find / their way home.
그들은 찾을 수가 없었다   집으로 가는 길을

They were / scared and hungry.
그들은 ~했다   **2** _____

Hansel and Gretel / found a little house / in the woods.
헨젤과 그레텔은   작은 집을 발견했다   숲 속에서

→ be made of는 '~로 만들어지다'라는 뜻이에요.

The house / was made / of bread.
그 집은   **3** _____   빵으로

The roof / was made / of cake.
지붕은   만들어졌다   **4** _____

→ candy의 복수형은 y를 지우고 -ies를 붙여서 candies가 돼요.

The windows / were made / of candies.
창문들은   만들어졌다   **5** _____

Hansel went up / to the roof / and ate the cake.
6 _____   지붕으로   그리고 케이크를 먹었다

Gretel went / to the window / and ate the candies.
그레텔은 갔다   7 _____   그리고 사탕들을 먹었다

old woman은 '나이 든 여자', 즉 '할머니'를 뜻해요.

Suddenly, / the door opened / and an old woman appeared.
갑자기,   문이 열렸다   8 _____

Who is she? / What will happen / to Hansel and Gretel?
그녀는 누구일까?   무슨 일이 일어날까?   헨젤과 그레텔에게

Grammar Point — be made of

본문 속 **The roof was made of cake.**
지붕은 케이크로 만들어졌다.

be made of는 '~로 만들어지다'라는 뜻이에요. 즉, be made of 다음에 오는 것이 주어의 재료가 됩니다. 이 문장에서 주어인 the roof(지붕)의 재료는 cake(케이크)인 것이지요.

확인문제 1 This chair was made of wood.

_____

2 The house was made of bricks.

_____

Unit 5 Desert Life

One fifth of the land on the Earth is desert.
Deserts are hot during the day and cold at night.
Deserts get only about 40 cm of rain a year.

Desert animals sleep during the day and move at night.
This is because it is so hot and there is not much water to drink.
Desert plants have few or no leaves. Also, they have long roots.
So they can get water from long distances.

It is not easy to live in the desert.

- **fifth** 다섯 번째(의) • **land** 육지, 땅 • **desert** 사막 • **during** ~동안 • **only** 겨우, ~만 • **plant** 식물; 심다
- **few** 거의 없는 • **leaves** 잎들 (leaf 잎) • **root** 뿌리 • **distance** 거리

Comprehension Check

A 문장을 읽고 옳으면 T(True), 틀리면 F(False)에 V표시를 하세요.

1. Deserts are cold during the day and hot at night.   T ☐ F ☐
2. Desert animals sleep during the day.   T ☐ F ☐
3. Desert plants have long leaves.   T ☐ F ☐

B 빈칸에 들어갈 올바른 답을 고르세요.

1. _____ of the land on the Earth is desert.
   - ⓐ One third
   - ⓑ One fourth
   - ⓒ One fifth
   - ⓓ One sixth

2. Desert plants have few or no _____.
   - ⓐ leaves
   - ⓑ animals
   - ⓒ roots
   - ⓓ water

3. Desert plants have long _____.
   - ⓐ distances
   - ⓑ roots
   - ⓒ leaves
   - ⓓ branch

C 알맞게 연결하여 문장을 완성하세요.

1. Deserts get only •　　　　• ⓐ from long distances.
2. They can get water •　　　　• ⓑ to live in the desert.
3. It is not easy •　　　　• ⓒ about 40 cm of rain a year.

Read and Understand
정확하게 읽기

● 잘 읽고 이해했나요? 문장의 정확한 의미를 알아보세요.

→ one fifth는 '1/5'이라는 뜻이에요.
One fifth of the land / on the Earth / is desert.
1 _____ 지구에서 사막이다

→ during은 '~동안 내내'라는 뜻의 전치사예요.
Deserts are hot / during the day / and cold / at night.
사막은 덥다 **2** _____ 그리고 춥다 밤에는

→ about이 숫자 앞에 쓰이면 '약', '~ 정도'의 뜻이에요.
Deserts get / only about 40 cm of rain / a year.
사막은 얻는다 **3** _____ 1년에

Desert animals sleep / during the day / and move / at night.
사막 동물들은 잔다 낮 동안에는 그리고 움직인다 **4** _____

→ This is because는 '이것은 ~하기 때문이다'라는 뜻으로서, because 뒤에는 '이유'가 나와요.
This is because / it is so hot / and there is not much water / to drink.
이것은 ~때문이다 매우 덥다 그리고 물이 많지 않다 **5** _____

→ a few(몇 개의)와 달리 few는 '거의 없는'이라는 뜻이에요.
Desert plants / have / few or no leaves.
사막 식물들은 가지고 있다 **6** _____

→ Also는 앞 문장의 내용에 대해서 추가적으로 말할 때 사용해요.
Also, / they have / long roots.
또한 그것들은 가지고 있다 **7** _____

So / they can / get water / from long distances.
그래서 그들은 할 수 있다 물을 얻다 **8** _____

↱ 이 문장의 진짜 주어는 to live in the desert이고, it은 형식적인 주어예요.

It is not easy / to live / in the desert.
쉽지 않다　　　　　　사막에서

알아두면 문장이 쉽게
이해되는 그래머 포인트

Grammar Point 분수 읽는 법

 **One fifth of the land on the Earth is desert.**
지구에서 육지의 1/5은 사막이다.

우리말에서는 분수 1/5을 '5분의 1'이라고 읽지만, 영어에서는 one fifth라고 읽어요. 이렇게 영어에서 분수는 '분자-분모'의 순서로 읽는데, 이때 분모는 서수(first, second, third...)로 읽는 것에 주의하세요.
예) 1/3 → one third　　1/4 → one fourth　　2/3 → two thirds

 **1** Jack ate one fourth of the cake.

　

2 She drinks one third of the juice.

　

Unit 5 · 31

Word Puzzle

Unit 1-5

● 퍼즐을 풀며 배운 단어를 복습해 보세요. 문장을 완성하는 단어를 해당 칸에 넣어 퍼즐을 완성하세요.

정답 ▶ 별책 64쪽

Across 가로

1. Hansel and Gretel couldn't find their _____ home.
3. One fifth of the _____ on the Earth is desert.
4. Storms can damage _____s and houses.
6. We can see colorful butterflies in the _____.
9. Storms give water to all living _____s.
10. Mom writes a _____ of house chores.
13. Another good thing is that storms remove _____ from the air.
15. Storms bring heavy _____ and strong winds.
16. Storms can _____ crops and houses.
17. A _____ has a thick and fuzzy body with wings.

Down 세로

1. A butterfly has a thin and smooth body with _____s.
2. Desert _____s have few or no leaves.
5. The bad thing about storms is that they are very _____.
7. Their mom does all this work by _____.
8. _____s get only about 40 cm of rain a year.
9. One good thing about storms is that they _____ the Earth.
11. A moth _____s its wings downward when sitting on a leaf.
12. A butterfly folds its wings _____ when sitting on a flower.
14. Hansel and Gretel were _____ in the woods.
18. Deserts are _____ during the day and cold at night.

해골 무늬 나방의 숨겨진 매력

가슴에 해골 모양이 있는 나방을 알고 있나요? 영어 이름은 death's-head hawkmoth이고, 우리나라에서는 '탈박각시'라고 불러요. 사진에서와 같이 이 나방은 가슴에 무시무시한 해골 무늬가 그려져 있어요. 하지만 무서운 겉모습과는 다르게, 탈박각시가 가진 능력은 울음 소리뿐이래요. 천적으로부터 자신을 지키기 위해 작은 소리로 찍찍 울어 천적을 쫓아내요. 강렬한 생김새와는 다른 귀여운 능력이에요. 우리에게 낯설지만, 알고 보면 숨겨진 매력들로 가득한 신비한 곤충들이 참 많아요.

Short Story Unit 6: The New Classmate

The teacher introduces a new classmate, Amy.
She looks very shy.
Students ask the new classmate questions.
Amy is so shy that she speaks in a low voice.
She says she's from Chicago.
She lives with her parents and twin brothers.

Students ask her what she is good at.
Suddenly, Amy speaks in a loud voice.
She says she is good at taekwondo.
She has a black belt. She shows her kicks.
She says she will teach them taekwondo.
Amy is not shy anymore.

- **introduce** 소개하다
- **classmate** 반 친구
- **shy** 수줍어하는
- **question** 질문
- **low** (소리가) 작은
- **voice** 목소리
- **twin** 쌍둥이
- **loud** (소리가) 큰
- **belt** 허리띠
- **kick** 발차기; 차다

Comprehension Check

A 문장을 읽고 옳으면 T(True), 틀리면 F(False)에 V표시를 하세요.

1 Amy is a new classmate. T ☐ F ☐
2 Amy lives with her parents and one brother. T ☐ F ☐
3 Amy is good at taekwondo. T ☐ F ☐

B 빈칸에 들어갈 올바른 답을 고르세요.

1 Amy is so _____ that she speaks in a low voice.
   ⓐ pretty   ⓑ cute
   ⓒ loud   ⓓ shy

2 Students ask her what she is _____.
   ⓐ good for   ⓑ good at
   ⓒ love to   ⓓ so shy

3 She shows her _____.
   ⓐ black belt   ⓑ speak
   ⓒ kicks   ⓓ loud voice

C 알맞게 연결하여 문장을 완성하세요.

1 The teacher introduces •   ⓐ a new classmate.
2 Students ask   •   ⓑ the new classmate questions.
3 She says she will   •   ⓒ teach them taekwondo.

Read and Understand

정확하게 읽기

● 잘 읽고 이해했나요? 문장의 정확한 의미를 알아보세요.

> a new classmate가 Amy라는 것을 알리기 위해 쉼표로 연결했어요.

The teacher introduces / a new classmate, Amy.
1 _____   새로운 반 친구 에이미를

She looks / very shy.
그녀는 ~해 보인다   **2** _____

> ⟨ask A B⟩는 'A에게 B를 묻다'라는 뜻이에요.

Students ask / the new classmate / questions.
학생들은 묻는다   **3** _____   질문들을

> ⟨so A that B⟩는 '너무 A해서 B하다'라는 뜻이에요.

Amy is so shy / that she speaks / in a low voice.
에이미는 너무 수줍어서   그녀는 말하다   **4** _____

> 출신지를 말할 때는 전치사 from을 사용해요.

She says / she's from Chicago.
그녀는 말한다   **5** _____

> twin brothers는 '쌍둥이 남자 형제들', twin sisters는 '쌍둥이 여자 형제들'이에요.

She lives with / her parents and twin brothers.
그녀는 ~와 산다   그녀의 부모님과 쌍둥이 남자 형제들

> be good at은 '~을 잘한다'라는 뜻이에요.

Students ask her / what she is good at.
학생들은 그녀에게 물어보다   **6** _____

Suddenly, / Amy speaks / in a loud voice.
갑자기   에이미가 말한다   **7** _____

36

She says / she is good at / taekwondo.
그녀는 말한다   그녀는 잘한다   태권도를

She has / a black belt.   She shows / her kicks.
그녀는 가지고 있다 검은띠를   그녀는 보여준다   8 _____

<teach A B>는 'A에게 B를 가르치다'라는 뜻이에요.

She says / she will teach / them / taekwondo.
그녀는 말한다   그녀가 가르쳐줄 것이다   그들에게   태권도를

Amy is not shy / anymore.
에이미는 수줍어하지 않는다   더 이상

Grammar Point — so A that B

본문 속 **Amy is so shy that she speaks in a low voice.**
에이미는 너무 수줍어서 작은 목소리로 말한다.

<so A that B> 하면 '너무 A해서 B하다'라는 뜻이에요. A에는 형용사가 오고 B에는 절(주어+동사)이 오지요. 그래서 예문은 so shy(너무 수줍어서) / that she speaks in a low voice(그녀는 작은 목소리로 말한다)라고 해석하면 됩니다.

확인문제 1 I was so scared that I screamed.

_____

2 He is so tall that he has to bend down.

_____

Unit 7 Skin

Your skin covers and protects your body.
It protects your bones, muscles, and organs.
It also protects your body from outside diseases.
It keeps your body at the normal temperature of 36.5 degrees Celsius.

Skin has the sense of touch. So you can feel soft and tough things.
Also, skin reacts to heat and cold.

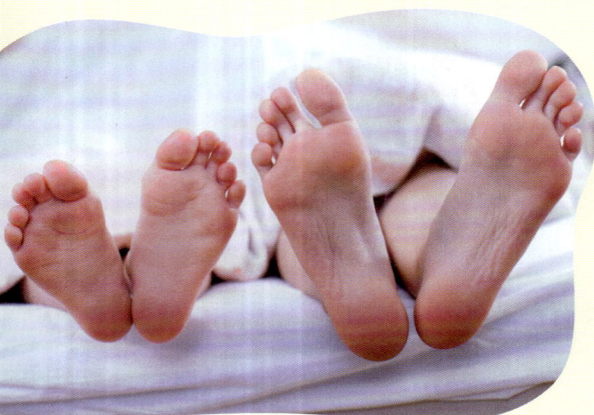

The thinnest skin on your body is your eyelids.
These protect your eyes.
The thickest skin on your body is the soles of your feet.

- **protect** 보호하다 • **muscle** 근육 • **organ** 장기 • **outside** 외부의 • **disease** 질병
- **normal** 정상적인 • **temperature** 온도 • **degree** (온도 단위인) 도 • **Celsius** 섭씨의
- **sense** 감각 • **tough** 단단한 • **react** 반응하다 • **heat** 열기, 열 • **eyelid** 눈꺼풀 • **sole** 발바닥

Comprehension Check

A 문장을 읽고 옳으면 T(True), 틀리면 F(False)에 V표시를 하세요.

1 Your body covers and protects your skin.   T ☐ F ☐
2 Skin protects your organs.   T ☐ F ☐
3 Your eyelids protect your eyes.   T ☐ F ☐

B 빈칸에 들어갈 올바른 답을 고르세요.

1 Your skin protects your body from outside _____.
   ⓐ muscles   ⓑ organs
   ⓒ diseases   ⓓ bones

2 Skin has the sense of _____.
   ⓐ heat   ⓑ touch
   ⓒ soft   ⓓ tough

3 The thickest skin on your body is the _____ of your feet.
   ⓐ soles   ⓑ eyelids
   ⓒ muscles   ⓓ toes

C 알맞게 연결하여 문장을 완성하세요.

1 You can feel   •   ⓐ your eyes.
2 Skin reacts   •   ⓑ soft and tough things.
3 Eyelids protect   •   ⓒ to heat and cold.

Read and Understand

정확하게 읽기

● 잘 읽고 이해했나요? 문장의 정확한 의미를 알아보세요.

Your skin covers / and protects / your body.
당신의 피부는 덮어준다   **1** _____   당신의 몸을

It protects / your bones, muscles, and organs.
그것은 보호해준다   당신의 뼈들, 근육들, 그리고 장기들을

⟨protect A from B⟩는 'B로부터 A를 보호하다'라는 뜻이에요.

It also protects / your body / from outside diseases.
그것은 또한 보호해준다   당신의 몸을   **2** _____

It keeps / your body / at the normal temperature /
그것은 유지한다   당신의 몸을   **3** _____

of 36.5 degrees Celsius.
섭씨 36.5도의

Skin has / the sense of touch.
피부는 가지고 있다   **4** _____

So / you can feel / soft and tough things.
그래서   **5** _____   부드럽고 단단한 것들을

Also, / skin reacts / to heat and cold.
또한   피부는 반응한다   **6** _____

→ thin(얇은)의 최상급은 thinest가 아니라 thinnest(가장 얇은)예요.

The thinnest skin / on your body / is your eyelids.
7 _____   당신의 몸에서   당신의 눈꺼풀이다

These protect / your eyes.
이것들은 보호해준다   당신의 눈을

→ 최상급 앞에는 항상 the를 써야 해요.

The thickest skin / on your body / is the soles of your feet.
가장 두꺼운 피부는   당신의 몸에서   8 _____

Grammar Point 최상급 만드는 법

본문 쏙 **The thickest skin on your body is the soles of your feet.**

당신의 몸에서 가장 두꺼운 피부는 당신의 발바닥이다.

최상급은 셋 이상의 대상을 비교하면서 '가장 ~한'이라고 말할 때 쓰여요. 최상급은 형용사에 -est를 붙여서 만들고, 최상급 앞에는 항상 the를 붙인답니다. 그래서 thick(두꺼운)에 -est를 붙인 thickest는 '가장 두꺼운'이라는 뜻이에요. 간혹 불규칙적으로 변하는 최상급들도 있어요.

확인문제 **1** He is the tallest student in the class.

_____

2 This is the thickest book in the library.

_____

Unit 8 The Jungle Book

A panther, Bagheera, finds a boat.
There is a small baby crying.
Bagheera takes the baby to a wolf family.
Mother Wolf says, "He's little! He's naked! He's bald!"
Father Wolf names the baby Mowgli.
They raise the boy. Mowgli eats and sleeps with the wolves.

Ten years later, Mowgli grows up as a strong young boy.
The tiger, Shere Khan, wants to harm Mowgli.
Mowgli frightens him away using a burning branch.

- **panther** 표범 - **naked** 벌거벗은 - **bald** 대머리의 - **name** 이름을 지어주다; 이름 - **raise** 키우다
- **wolves** 늑대들 (wolf 늑대) - **grow up** 성장하다 - **harm** 해치다 - **frighten** 겁먹게 하다
- **burning** 불타는 - **branch** 나뭇가지

Comprehension Check

A 문장을 읽고 옳으면 T(True), 틀리면 F(False)에 V표시를 하세요.

1 A small baby is crying in the boat. T ☐ F ☐
2 Bagheera's family raises the boy. T ☐ F ☐
3 Mowgli eats and sleeps with the wolves. T ☐ F ☐

B 빈칸에 들어갈 올바른 답을 고르세요.

1 Bagheera takes the baby to a _____ family.
   ⓐ panther   ⓑ man
   ⓒ tiger   ⓓ wolf

2 Mother Wolf says, "He's little! He's naked! He's _____!"
   ⓐ bald   ⓑ crying
   ⓒ Mowgli   ⓓ a baby

3 Shere Khan wants to _____ Mowgli.
   ⓐ hate   ⓑ harm
   ⓒ frighten   ⓓ use

C 알맞게 연결하여 문장을 완성하세요.

1 Father Wolf names   •   ⓐ as a strong young boy.
2 Mowgli grows up   •   ⓑ the baby Mowgli.
3 Mowgli frightens him away •   ⓒ using a burning branch.

Read and Understand

정확하게 읽기

● 잘 읽고 이해했나요? 문장의 정확한 의미를 알아보세요.

A panther, Bagheera, / finds a boat.
표범 바기라는   **1** _____

↗ crying(울고 있는)은 baby를 뒤에서 꾸며주고 있어요.

There is / a small baby / crying.
있다   작은 아기가   울고 있는

Bagheera takes / the baby / to a wolf family.
2 _____   그 아기를   늑대 가족에게

↗ little 대신에 small을 써도 돼요.

Mother Wolf says, / "He's little! / He's naked! / He's bald!"
엄마 늑대가 말한다   그는 작구나   그는 벌거벗었어   **3** _____

↗ 여기서 name은 '이름을 짓다'라는 뜻의 동사로 쓰였어요.

Father Wolf names / the baby / Mowgli.
4 _____   그 아기를   모글리라고

They raise / the boy.
그들은 기른다   그 남자아이를

↗ wolf(늑대)의 복수형은 wolves예요.

Mowgli eats and sleeps / with the wolves.
모글리는 먹고 잠을 잔다   **5** _____

↗ grow up as는 '~로 성장하다'라는 뜻이에요.

Ten years later, / Mowgli grows up / as a strong young boy.
10년 후   모글리는 성장한다   **6** _____

The tiger, Shere Khan, / wants to harm / Mowgli.
호랑이 쉬어칸은   해치고 싶어 한다   모글리를

⟨frighten...away⟩는 '~를 겁 주어 쫓아내다'라는 뜻이에요.

Mowgli / frightens him away / using a burning branch.
모글리는   그를 겁 주어 쫓아낸다   7 _____

Grammar Point — name A B

본문 쏙 **Father Wolf names the baby Mowgli.**
아빠 늑대는 그 아기를 모글리라고 이름 지어요.

⟨name A B⟩ 하면 'A를 B라고 이름 짓다', 'A에게 B라는 이름을 지어주다'라는 뜻이에요. 위 문장은 name(이름 짓다) / the baby(그 아기를) / Mowgli(모글리라고) 이렇게 해석하면 됩니다.

확인문제 1 They name their son James.

2 She named her cat Bella.

Unit 9 Animal Eyes

Nonfiction

Most animals have two eyes, but some don't.
A worm has no eyes. A spider has eight eyes.

Here are some cool facts about animal eyes.
An owl can see a moving animal forty-six meters away.
A dragonfly has 30,000 lenses in its eyes.
A dolphin sleeps with one eye open.
A colossal squid has the largest eye on the planet.
It's around twenty-seven centimeters across.
An ostrich's eye is bigger than its brain.
A chameleon can move each eye separately to look in two different directions at once.

owl

dragonfly

ostrich

chameleon

- **worm** 지렁이 • **fact** 사실 • **dragonfly** 잠자리 • **lens** (눈의) 수정체 • **dolphin** 돌고래
- **colossal squid** 대왕 오징어 • **planet** 세상, 행성 • **across** 지름으로, 가로질러 • **ostrich** 타조
- **chameleon** 카멜레온 • **separately** 따로따로 • **direction** 방향 • **at once** 동시에

Comprehension Check

A 문장을 읽고 옳으면 T(True), 틀리면 F(False)에 V표시를 하세요.

1 Some animals don't have eyes.   T ☐   F ☐
2 An owl can see a moving animal from far away.   T ☐   F ☐
3 A chameleon sleeps with one eye open.   T ☐   F ☐

B 빈칸에 들어갈 올바른 답을 고르세요.

1 A dragonfly has 30,000 _____ in its eyes.

   ⓐ ears   ⓑ planets
   ⓒ brains   ⓓ lenses

2 A colossal squid has the _____ eye on the planet.

   ⓐ smallest   ⓑ largest
   ⓒ prettiest   ⓓ funniest

3 A chameleon can move each eye separately to look in two _____ directions at once.

   ⓐ same   ⓑ different
   ⓒ beautiful   ⓓ moving

C 알맞게 연결하여 문장을 완성하세요.

1 A worm has   •   ⓐ bigger than its brain.

2 Here are some cool facts •   ⓑ no eyes.

3 An ostrich's eye is   •   ⓒ about animal eyes.

Read and Understand

정확하게 읽기

● 잘 읽고 이해했나요? 문장의 정확한 의미를 알아보세요.

Most animals / have two eyes, / but / some don't.
대부분의 동물들은   두 개의 눈을 가지고 있다   하지만   **1** _____

A worm / has no eyes.   A spider has / eight eyes.
지렁이는   **2** _____   거미는 가지고 있다   여덟 개의 눈을

Here are / some cool facts / about animal eyes.
여기에 있다   몇 가지 멋진 사실들이   동물의 눈에 관한

An owl can see / a moving animal / forty-six meters away.
부엉이는 볼 수 있다   움직이는 동물을   **3** _____

A dragonfly has / 30,000 lenses / in its eyes.
잠자리는 가지고 있다   **4** _____   그것의 눈 안에

→ 여기서 with는 '~하면서', '~한 채로'라는 뜻이에요.

A dolphin sleeps / with one eye open.
돌고래는 잠을 잔다   **5** _____

A colossal squid has / the largest eye / on the planet.
대왕 오징어는 가지고 있다   **6** _____   세상에서

→ around는 숫자 앞에서 '약', '~쯤'이라는 뜻으로 쓰여요.

It's around / twenty-seven centimeters across.
그것은 약 ~이다   지름이 27센티미터

An ostrich's eye / is bigger / than its brain.   → than(~보다)은 두 가지를 비교할 때 비교급과 함께 써요.
타조의 눈은   **7**_____   그것의 뇌보다

A chameleon can move / each eye / separately / to look in /
카멜레온은 움직일 수 있다   각각의 눈을   따로따로   보기 위해서

two different directions / at once.
8_____   동시에

Grammar Point — 같은 표현 생략하기

본문 속 **Most animals have two eyes, but some don't.**
대부분의 동물들은 두 개의 눈을 가지고 있지만, 어떤 것들은 그렇지 않다.

이 문장은 원래 Most animals have two eyes, but some don't have two eyes.인데, don't 뒤에 have two eyes가 중복되는 것을 막기 위해 생략한 거예요. 이것은 한 문장에서 같은 말을 반복하는 것을 꺼려하는 영어의 습성 때문이랍니다.

확인문제
1 Most children have smartphones, but some don't.
_____

2 Most birds can fly, but some can't.
_____

Short Story Unit 10 — What Would Dad Say?

I don't have a dad because he died when I was two years old.
He was a pilot in the army. My mom said he was amazing.
He loved flying.

I sometimes think about what my dad would say to me.
What would he say when our baseball team wins a game?
What would he say when I get an A on a test?

I know what he would say to me.
"Eric, you're a great kid! I knew you could do it!"

- **die** 죽다 • **pilot** 비행기 조종사 • **army** 군대 • **said** 말했다 (say 말하다) • **amazing** 놀라운
- **fly** 비행하다, 날다 • **sometimes** 가끔 • **test** 시험 • **knew** 알았다 (know 알다)

Comprehension Check

A 문장을 읽고 옳으면 T(True), 틀리면 F(False)에 V표시를 하세요.

1 Eric sometimes thinks about his dad.   T ☐   F ☐
2 Eric's dad was a baseball player.   T ☐   F ☐
3 Eric doesn't have a mom.   T ☐   F ☐

B 빈칸에 들어갈 올바른 답을 고르세요.

1 What would he say when our baseball team _____ a game?
   ⓐ takes   ⓑ sits
   ⓒ wins   ⓓ makes

2 He _____ when I was _____ years old.
   ⓐ die, four   ⓑ kill, two
   ⓒ killed, four   ⓓ died, two

3 What would he say when I _____ an A on a test?
   ⓐ do   ⓑ get
   ⓒ know   ⓓ win

C 알맞게 연결하여 문장을 완성하세요.

1 I knew   •   ⓐ he was amazing.
2 My mom said   •   ⓑ you could do it!
3 I sometimes think about   •   ⓒ what my dad would say to me.

Read and Understand

정확하게 읽기

● 잘 읽고 이해했나요? 문장의 정확한 의미를 알아보세요.

I don't have a dad / because he died / when I was two years old.
나는 아빠가 없다   **1**_____   내가 두 살 때

He was a pilot / in the army.
그는 비행기 조종사였다   군대에서

My mom said / he was amazing.
우리 엄마는 말씀하셨다   **2**_____

↪ love 뒤에 동사가 올 때는 -ing 형태를 사용해요.

He loved / flying.
그는 무척 좋아하셨다   **3**_____

↪ 여기서 would는 상상하면서 '~할 것이다'라는 의미를 담고 있어요.

I sometimes think about / what my dad would say / to me.
나는 가끔 ~에 대해 생각한다   **4**_____   나에게

↪ 여기서 when은 '~하면'이라는 뜻이에요.

What would he say / when our baseball team wins a game?
그는 뭐라고 말씀하실까?   **5**_____

What would he say / when I get an A on a test?
그는 뭐라고 말씀하실까?   **6**_____

I know / what he would say / to me.
나는 알고 있다   그가 뭐라고 말씀하실지   나에게

52

"Eric, / you're a great kid!
 어릭,   7 _____

→ could는 can(할 수 있다)의 과거형이에요.

I knew / you could do it!"
 나는 알았다   네가 그것을 해낼 줄

Grammar Point — would의 쓰임

본문 쏙 **I know what he would say to me.**
나는 그가 나에게 뭐라고 말씀하실지 알고 있다.

'~일 것이다'라고 미래에 대해 말할 때 보통 will을 사용하지요. 그런데 이 문장에서 will 대신 would를 쓴 이유가 뭘까요? 그 이유는 아빠가 살아 계신 것이 아니라, 살아 계신다면 뭐라고 말씀하실지 상상하는 것이기 때문이에요. 뭔가를 상상하거나 가정하면서 그 결과에 대해 말할 때는 would를 쓰는 것이 더 어울린답니다.

확인문제
1 We know what she would say to us.
   _____

2 He knows what his teacher would say to him.
   _____

Word Puzzle

Unit 6-10

● 퍼즐을 풀며 배운 단어를 복습해 보세요. 문장을 완성하는 단어를 해당 칸에 넣어 퍼즐을 완성하세요.

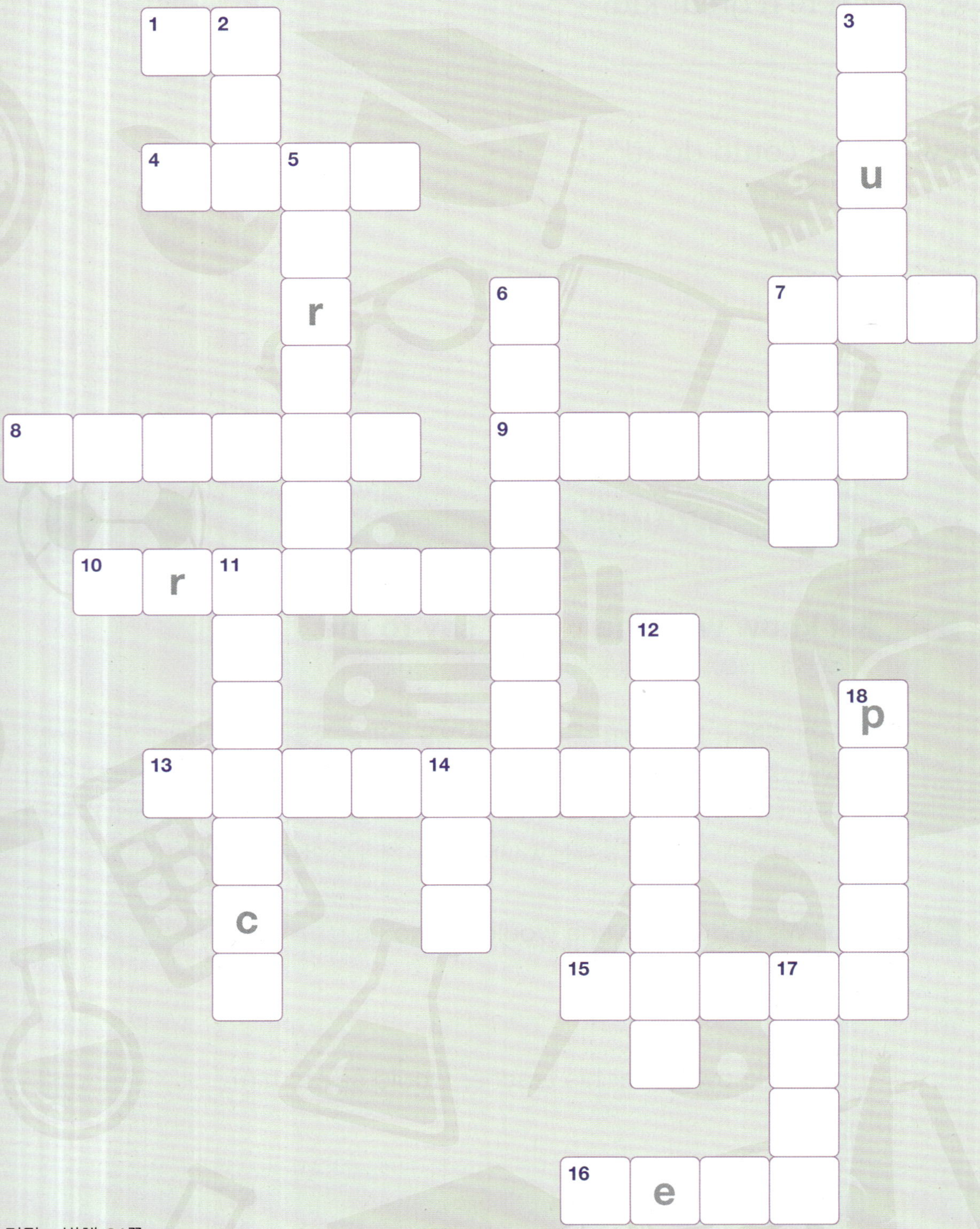

정답 ▶ 별책 64쪽

Across 가로

1. Amy says she is good _____ taekwondo.
4. Bagheera takes the baby to a _____ family.
7. Amy is so _____ that she speaks in a low voice.
8. Mowgli eats and sleeps with the _____.
9. The thinnest skin on your body is your _____s.
10. Your skin also _____s your body from outside diseases.
13. A _____ has 30,000 lenses in its eyes.
15. A spider has _____ eyes.
16. The thickest skin on your body is the soles of your _____.

Down 세로

2. Most animals have _____ eyes, but some don't.
3. Skin has the sense of _____.
5. A colossal squid has the _____ eye on the planet.
6. Students ask the new classmate _____s.
7. Your _____ covers and protects your body.
11. An _____'s eye is bigger than its brain.
12. A _____ sleeps with one eye open.
14. An _____ can see a moving animal 46 meters away.
17. Skin reacts to _____ and cold.
18. My dad was a _____ in the army.

신기한 낙타의 눈(eye)

동물들의 신체는 환경에 적응하면서 변화되어 왔어요. 낙타의 눈도 그러한 경우인데요, 낙타는 3중 눈꺼풀을 가지고 있어요. 두 개의 눈꺼풀에는 사막의 모래바람을 막아주는 최대 10cm까지 자라는 긴 속눈썹이 있어요. 다른 눈꺼풀 하나는 창문을 닦는 와이퍼 역할을 해요. 이 눈꺼풀은 위에서 아래로 내려오는 대신 좌우로 움직이면서 먼지와 모래를 닦아내어 눈을 깨끗하게 유지해요. 또한, 이 눈꺼풀은 얇아서 낙타가 눈을 감고도 앞을 볼 수 있어요. 그래서 모래폭풍이 불어도 낙타는 무리 없이 앞으로 잘 걸어갈 수 있어요.

Unit 11: From Farm to Table

Plant the apple seeds.
Several weeks later, stems and leaves come out from the seeds.
Water and fertilize the plants. Harvest the apples.

Store the apples in a cool room.
Wash them in water to remove the dirt.
Spray the apples with wax to protect them.
Pack them by size and weight.
Deliver them to markets and other stores.
People can enjoy delicious apples on their tables.

- **seed** 씨앗 • **several** 몇몇의 • **stem** 줄기 • **fertilize** 비료를 주다 • **harvest** 수확하다
- **store** 저장하다; 가게 • **dirt** 흙, 먼지 • **spray** 뿌리다 • **wax** 왁스 • **pack** 포장하다 • **size** 크기
- **weight** 무게 • **deliver** 배달하다 • **market** 시장 • **delicious** 맛있는

Comprehension Check

A 문장을 읽고 옳으면 T(True), 틀리면 F(False)에 V표시를 하세요.

1 Plant the apples. Harvest the apple seeds.　　T ☐　F ☐
2 Store the apples in a cool room.　　T ☐　F ☐
3 Spray the apples with water to protect them.　　T ☐　F ☐

B 빈칸에 들어갈 올바른 답을 고르세요.

1 Several weeks later, stems and leaves come out from the _____.

　ⓐ apples　　　　　　　　　ⓑ roots
　ⓒ trees　　　　　　　　　　ⓓ seeds

2 Pack them by size and _____.

　ⓐ colors　　　　　　　　　ⓑ weight
　ⓒ height　　　　　　　　　ⓓ shapes

3 Deliver them to _____ and other stores.

　ⓐ houses　　　　　　　　　ⓑ schools
　ⓒ markets　　　　　　　　　ⓓ hot rooms

C 알맞게 연결하여 문장을 완성하세요.

1 Water and fertilize　•　　　　　ⓐ to remove the dirt.

2 Wash them in water　•　　　　　ⓑ the plants.

3 People can enjoy　•　　　　　　ⓒ delicious apples on their tables.

Read and Understand

정확하게 읽기

● 잘 읽고 이해했나요? 문장의 정확한 의미를 알아보세요.

→ 여기서 plant는 '심다'라는 뜻의 동사로 쓰였어요.

Plant / the apple seeds.
심어라 **1** _____

→ leaf(잎)의 복수형은 leaves예요.

Several weeks later, / stems and leaves / come out / from the seeds.
2 _____ 줄기와 잎이 나온다 씨앗에서

→ 여기서 water는 '물을 주다'라는 뜻의 동사로 쓰였어요.
→ 여기서 plant는 '식물'이라는 뜻의 명사로 쓰였어요.

Water and fertilize / the plants.
3 _____ 식물에게

Harvest / the apples.
수확해라 사과를

→ 여기서 store는 '저장하다'라는 뜻의 동사로 쓰였어요.
→ room은 '방' 외에 '특정 목적을 위한 공간'을 뜻하기도 해요.

Store the apples / in a cool room.
4 _____ 서늘한 곳에

Wash them / in water / to remove the dirt.
그것들을 씻어라 물에 **5** _____

Spray the apples / with wax / to protect them.
사과에 뿌려라 왁스로 **6** _____

→ by는 '~로'의 뜻으로 방법과 수단을 나타낼 때 쓰여요.

Pack them / by size and weight.
그것들을 포장해라 **7** _____

여기서 store는 '가게'라는 뜻의 명사로 쓰였어요.

Deliver them / to markets and other stores.
8 _____ 시장들과 다른 가게들로

People can enjoy / delicious apples / on their tables.
사람들은 즐길 수 있다   맛있는 사과를   그들의 식탁 위에서

알아두면 문장이 쉽게 이해되는 그래머 포인트

Grammar Point — 목적을 나타내는 〈to 동사원형〉

 **Wash them in water to remove the dirt.**
흙을 제거하기 위해 그것들을 물에 씻어라.

여기서 to remove는 '제거하기 위해서'라는 뜻이에요. 이렇게 to부정사(to 동사원형)는 '~하기 위해서'라는 목적을 나타낼 때도 자주 쓰인답니다.

확인문제 1 Wash your hands to kill germs.
_____

2 You need to wake up early to go to school.
_____

Unit 11 · 59

Unit 12: The Fox and the Grapes

One hot afternoon, a fox is walking in the forest.
The fox sees some grapes hanging high on a branch.
He is thirsty, so he wants to eat the grapes.
"Those grapes will make me not thirsty."

He jumps up at the grapes.
But they are too high for the fox to reach.
The fox tries again and again.
But he can't reach the grapes.
The fox gives up and walks away.
"The grapes are probably sour."

- **grape** 포도 ● **hang** 매달리다 ● **thirsty** 목이 마른 ● **reach** ~에 닿다/이르다 ● **try** 시도하다
- **give up** 포기하다 ● **walk away** 떠나가다 ● **probably** 아마 ● **sour** (맛이) 신

Comprehension Check

A 문장을 읽고 옳으면 T(True), 틀리면 F(False)에 V표시를 하세요.

1 The fox is thirsty. T ☐ F ☐
2 The grapes are hanging on a house. T ☐ F ☐
3 The fox eats the grapes. They are sour. T ☐ F ☐

B 빈칸에 들어갈 올바른 답을 고르세요.

1 The fox sees some grapes hanging high on a _____.
   ⓐ stem   ⓑ leaf
   ⓒ branch   ⓓ rope

2 He is _____, so he wants to eat the grapes.
   ⓐ hungry   ⓑ thirsty
   ⓒ hot   ⓓ tired

3 The fox gives up and walks _____.
   ⓐ along   ⓑ away
   ⓒ fast   ⓓ slowly

C 알맞게 연결하여 문장을 완성하세요.

1 Those grapes will •   ⓐ at the grapes.
2 He jumps up   •   ⓑ make me not thirsty.
3 The grapes are   •   ⓒ probably sour.

Read and Understand

정확하게 읽기

● 잘 읽고 이해했나요? 문장의 정확한 의미를 알아보세요.

↪ 〈is -ing〉는 '~하고 있다'는 뜻이에요.

One hot afternoon, / a fox / is walking / in the forest.
어느 더운 오후   여우 한 마리가 **1** _____   숲 속에서

The fox sees / some grapes / hanging high / on a branch.
여우는 본다   포도 몇 개를   높이 달려 있는   **2** _____

He is thirsty, / so / he wants / to eat / the grapes.
그는 목이 마르다 그래서 그는 원한다 **3** ____   그 포도들을

↪ 〈make A B〉는 'A를 B하게 만들다'라는 뜻이에요.

"Those grapes / will make me / not thirsty."
저 포도들은   나를 만들어줄 거야   **4** _____

↪ 여기서 at은 방향을 나타내므로 '~로', '~을 향해'라고 해석해요.

He jumps up / at the grapes.
5 _____   포도를 향해

But / they are too high / for the fox / to reach.
그러나   그것들은 너무 높다   그 여우가   닿기에는

The fox tries / again and again.
여우는 시도한다 **6** _____

But / he can't reach / the grapes.
그러나 그는 닿을 수 없다   그 포도들에

62

The fox gives up / and walks away.
7 _____   그리고 떠난다

"The grapes / are probably sour."
그 포도는   8 _____

Grammar Point — too A to B

본문 쏙 **But they are too high for the fox to reach.**
하지만 그것들은 여우가 닿기에는 너무 높아요.

〈too A to B〉는 'B하기에는 너무 A하다'라는 뜻이에요. 이때 A에는 형용사가 오고, B에는 동사원형이 와요. 따라서 위 문장은 too high(너무 높은) / to reach(닿기에는)라는 뜻이 돼요. 또한 reach의 주체가 여우이므로 to reach 앞에 for the fox가 들어가 있는 구조예요.

확인문제
1 The fish is too fast to catch.

2 This box is too heavy to carry.

Unit 13 Anne Sullivan

When Anne Sullivan was five years old,
she had an eye disease and couldn't see well.
She studied hard at a school for the blind.
She met a good teacher at the school.
So she had several eye surgeries.
Then she could see well.

In 1886, when Anne was twenty-one years old,
she went to Helen Keller's house to work as a tutor.
Helen was a six-year-old girl. She was deaf and blind.
Anne taught Helen words.
Helen learned that everything has a name.

- **had** 가졌다 (have 가지다)
- **disease** 질병
- **hard** 열심히
- **the blind** 시각 장애인들
- **met** 만났다 (meet 만나다)
- **surgery** 수술
- **then** 그러고 나서
- **tutor** 가정교사
- **deaf** 청각 장애가 있는
- **blind** 시각 장애가 있는
- **taught** 가르쳤다 (teach 가르치다)
- **learn** 알게 되다, 배우다

Comprehension Check

A 문장을 읽고 옳으면 T(True), 틀리면 F(False)에 V표시를 하세요.

1 Anne Sullivan had an ear disease when she was five.   T ☐   F ☐
2 Anne Sullivan had several eye surgeries.   T ☐   F ☐
3 Helen Keller was deaf and blind.   T ☐   F ☐

B 빈칸에 들어갈 올바른 답을 고르세요.

1 Anne Sullivan studied hard at a school for the _____.
   ⓐ disease   ⓑ deaf
   ⓒ surgery   ⓓ blind

2 Anne Sullivan was Helen Keller's _____.
   ⓐ mother   ⓑ school teacher
   ⓒ tutor   ⓓ sister

3 Anne taught Helen _____.
   ⓐ dances   ⓑ words
   ⓒ songs   ⓓ senses

C 알맞게 연결하여 문장을 완성하세요.

1 She had an eye disease   •   ⓐ at the school.
2 She met a good teacher   •   ⓑ and couldn't see well.
3 Helen learned that   •   ⓒ everything has a name.

Unit 13 · 65

Read and Understand

정확하게 읽기

● 잘 읽고 이해했나요? 문장의 정확한 의미를 알아보세요.

When / Anne Sullivan was / five years old,
~할 때　　　앤 설리번이 ~였다　　　　　　다섯 살

↪ 과거에 어떤 병을 앓았는지 말할 때는 동사 had나 got을 써요.

she had / an eye disease / and couldn't see well.
그녀는 가지고 있었다　**1** _____　　그래서 잘 보지 못했다

She studied hard / at a school / for the blind.
그녀는 열심히 공부했다　　　학교에서　　　**2** _____

She met / a good teacher / at the school.
그녀는 만났다　**3** _____　　그 학교에서

↪ several은 '몇몇의', '몇 번의'라는 뜻으로서 2~3회나 3~4회 정도를 말해요.

So / she had / several eye surgeries.
그래서　 그녀는 받았다　**4** _____

Then / she could see well.
그러고 나서　**5** _____

In 1886, / when Anne was twenty-one years old,
1886년　**6** _____

she went / to Helen Keller's house / to work / as a tutor.
그녀는 갔다　　헬렌 켈러의 집으로　　　　　일하기 위해서　　가정교사로

66

> six-year-old(여섯 살의)가 girl을 수식하는 형용사로 쓰인 경우여서 단어 사이에 하이픈(-)을 넣은 거예요.

Helen was / a six-year-old girl.   She was / deaf and blind.
헬렌은 ~였다   **7** _____   그녀는 ~였다   청각 장애인이자 시각 장애인

> ⟨teach A B⟩는 'A에게 B를 가르치다'라는 뜻이에요.

Anne taught / Helen / words.
앤은 가르쳤다   헬렌에게   단어들을

Helen learned / that / everything has a name.
헬렌은 알게 됐다   ~라는 것을   **8** _____

Grammar Point   목적어로 쓰이는 that절

본문 쏙 **Helen learned that everything has a name.**
헬렌은 모든 것은 이름을 갖고 있다는 것을 알게 됐다.

that절(that 주어+동사)은 '~한다는 것'이라고 해석해요. 따라서 that everything has a name은 '모든 것은 이름을 갖고 있다는 것'이라는 뜻이지요. that절은 문장 속에서 주어, 목적어, 보어로 사용할 수 있는데, 여기서는 목적어로 쓰인 거예요.

확인문제
1 I know that Tom is your friend.
   _____

2 Sam learned that animals communicate with each other.
   _____

Unit 14
A Four-Wheel Bike

Jimmy got his first bike on his 10th birthday.
He liked it, but it was a four-wheel bike.
He really wanted to ride a two-wheel bike because most of his friends rode two-wheel bikes.

Jimmy's father said that a two-wheel bike is too dangerous for him right now. He said he would take off the training wheels for Jimmy after he got used to the four-wheel bike.

Jimmy practiced riding the four-wheel bike every day.
Someday he would ride a two-wheel bike.

- **wheel** 바퀴 - **ride** (자전거를) 타다 - **right now** 지금 당장은 - **take off** 떼어 내다 - **training** 훈련
- **get used to** ~에 익숙해지다 - **practice** 연습하다 - **someday** 언젠가

Comprehension Check

A 문장을 읽고 옳으면 T(True), 틀리면 F(False)에 V표시를 하세요.

1 Jimmy got a two-wheel bike on his birthday.　　T ☐　F ☐
2 Jimmy really wanted to ride a four-wheel bike.　T ☐　F ☐
3 Jimmy practiced riding the four-wheel bike.　　T ☐　F ☐

B 빈칸에 들어갈 올바른 답을 고르세요.

1 Jimmy got his _____ on his 10th birthday.

　ⓐ first bike　　　　　　　　ⓑ second bike
　ⓒ two-wheel bike　　　　　　ⓓ three-wheel bike

2 Jimmy's father said that a two-wheel bike is too _____.

　ⓐ fast　　　　　　　　　　　ⓑ easy
　ⓒ dangerous　　　　　　　　ⓓ scary

3 Jimmy's father said he would take off the training wheels for Jimmy _____ he got used to the four-wheel bike.

　ⓐ because　　　　　　　　　ⓑ before
　ⓒ after　　　　　　　　　　ⓓ how

C 알맞게 연결하여 문장을 완성하세요.

1 Most of his friends　　•　　　　•　ⓐ a two-wheel bike.

2 Jimmy practiced　　　•　　　　•　ⓑ riding the four-wheel bike.

3 Someday he would ride　•　　　•　ⓒ rode two-wheel bikes.

Unit 14 · 69

Read and Understand

정확하게 읽기

● 잘 읽고 이해했나요? 문장의 정확한 의미를 알아보세요.

10th는 tenth(열 번째)를 뜻해요.
생일처럼 특정한 날 앞에는 전치사 on을 써요.

Jimmy got / his first bike / on his 10th birthday.
지미는 받았다   그의 첫 번째 자전거를   **1** _____

선물을 받고 '마음에 든다'고 할 때 like를 사용해요.
four-wheel bike는 '네 개의 바퀴를 가진 자전거', 즉 '네발자전거'를 뜻해요.

He liked it, / but / it was / a four-wheel bike.
그는 그것이 마음에 들었다   하지만   그것은 ~였다   **2** _____

want 앞에 really를 쓰면 '정말로 원하다', '몹시 원하다'라는 뜻이 돼요.

He really wanted / to ride a two-wheel bike /
그는 정말로 원했다   **3** _____

because / most of his friends / rode two-wheel bikes.
왜냐하면   **4** _____   두발자전거를 탔다

Jimmy's father said that / a two-wheel bike / is too dangerous /
지미의 아빠는 그것을 말했다   두발자전거는   **5** _____

for him / right now.
그에게   지금 당장은

training wheels는 '훈련용 바퀴', 즉 '보조 바퀴'를 뜻해요.

He said / he would take off / the training wheels / for Jimmy /
그는 말했다   **6** _____   보조 바퀴들을   지미를 위해서

after / he got used / to the four-wheel bike.
~ 후에   그가 익숙해졌다   네발자전거에

Jimmy practiced / riding the four-wheel bike / every day.
7 _____   네발자전거 타는 것을   매일

Someday / he would ride / a two-wheel bike.
언젠가   **8** _____   두발자전거를

Grammar Point because의 역할

본문 속 **He really wanted to ride a two-wheel bike because most of his friends rode two-wheel bikes.**
그의 친구들 대부분은 두발자전거를 탔기 때문에 그는 정말로 두발자전거를 타고 싶었어요.

위 문장은 He really wanted to ride a two-wheel bike.와 Most of his friends rode two-wheel bikes.라는 두 문장이 접속사 because로 연결된 형태예요. because는 '~때문에'라는 뜻으로서 이렇게 두 문장을 연결할 때 사용해요.

확인문제 **1** I stayed at home because I was sick.
_____

2 He can't buy it because he is poor.
_____

Unit 15: The Senses of Smell & Hearing

We smell with our noses.
We can smell more than 10,000 different smells.
The nose cleans and warms the air, which goes through the nose to the lungs. Then the brain identifies the smells.

We hear with our ears.
We can hear sound waves between 20 Hertz and 20,000 Hertz.
The sense of hearing happens when the ear changes sound waves into electrical signals and sends them to the brain.
Then the brain identifies the sounds.

- **warm** 데우다; 따뜻한
- **through** ~을 통해
- **lung** 폐, 허파
- **identify** 식별하다
- **sound wave** 음파
- **between** 사이에
- **Hertz** 헤르츠 (진동수의 단위)
- **hearing** 듣기
- **change** 바꾸다
- **electrical** 전기의
- **signal** 신호
- **send** 보내다

Comprehension Check

A 문장을 읽고 옳으면 T(True), 틀리면 F(False)에 V표시를 하세요.

1 We can smell more than 10,000 different smells.   T ☐   F ☐
2 The ear cleans and warms the air.   T ☐   F ☐
3 The brain identifies the sounds.   T ☐   F ☐

B 빈칸에 들어갈 올바른 답을 고르세요.

1 We _____ with our noses.

   ⓐ touch   ⓑ hear
   ⓒ smell   ⓓ eat

2 Air goes through the nose to the _____.

   ⓐ lungs   ⓑ heart
   ⓒ ears   ⓓ brain

3 The ear changes sound waves into electrical signals and sends them to the _____.

   ⓐ ears   ⓑ nose
   ⓒ brain   ⓓ eyes

C 알맞게 연결하여 문장을 완성하세요.

1 We can smell   •   ⓐ with our ears.
2 We hear   •   ⓑ more than 10,000 different smells.
3 The nose cleans   •   ⓒ and warms the air.

Read and Understand

정확하게 읽기

● 잘 읽고 이해했나요? 문장의 정확한 의미를 알아보세요.

We smell / with our noses.
우리는 냄새를 맡는다 **1** _____

> more than이 숫자 앞에 쓰이면 '~이상의'라는 뜻이에요.

We can smell / more than 10,000 / different smells.
우리는 냄새 맡을 수 있다 **2** _____ 다른 냄새들을

The nose / cleans and warms / the air, /
코는 정화하고 데운다 공기를

> 여기서 which는 앞에 나온 the air에 대해 보충 설명하기 위해 사용된 거예요.

which / goes through the nose / to the lungs.
이것은 **3** _____ 폐까지

Then / the brain identifies / the smells.
그때 **4** _____ 그 냄새들을

We hear / with our ears.
우리는 듣는다 **5** _____

> 〈between A and B〉는 'A와 B 사이에'라는 뜻이에요.

We can hear / sound waves / between / 20 Hertz and 20,000 Hertz.
우리는 들을 수 있다 **6** _____ 사이에 있는 20헤르츠와 20,000헤르츠

The sense of hearing / happens /
청각은 일어난다

74

when / the ear changes sound waves / into electrical signals /
~할 때   귀가 음파를 바꾼다   전기 신호로

→ sends 앞에는 주어 the ear가 생략된 거예요.

and / sends them to the brain.
그리고   **7** _____

Then / the brain identifies / the sounds.
그때   뇌는 식별한다   **8** _____

Grammar Point — 앞의 말을 보충 설명하는 which

본문 쏙 **The nose cleans and warms <u>the air</u>, which goes through the nose to the lungs.**
코는 공기를 정화하고 데워 주는데, 그 공기는 코를 통과하여 폐로 간다.

which는 앞에 나온 단어나 문장에 대한 보충 설명을 할 때 사용해요. 여기서는 코를 통해 정화되고 데워진 '공기'가 어디로 가는지 보충 설명하기 위해 which로 연결한 거예요.

확인문제

1 There is an amusement park, which makes kids happy.
   _____

2 I saw the red car, which took her to the party.
   _____

Unit 15 · 75

Word Puzzle

Unit 11-15

● 퍼즐을 풀며 배운 단어를 복습해 보세요. 문장을 완성하는 단어를 해당 칸에 넣어 퍼즐을 완성하세요.

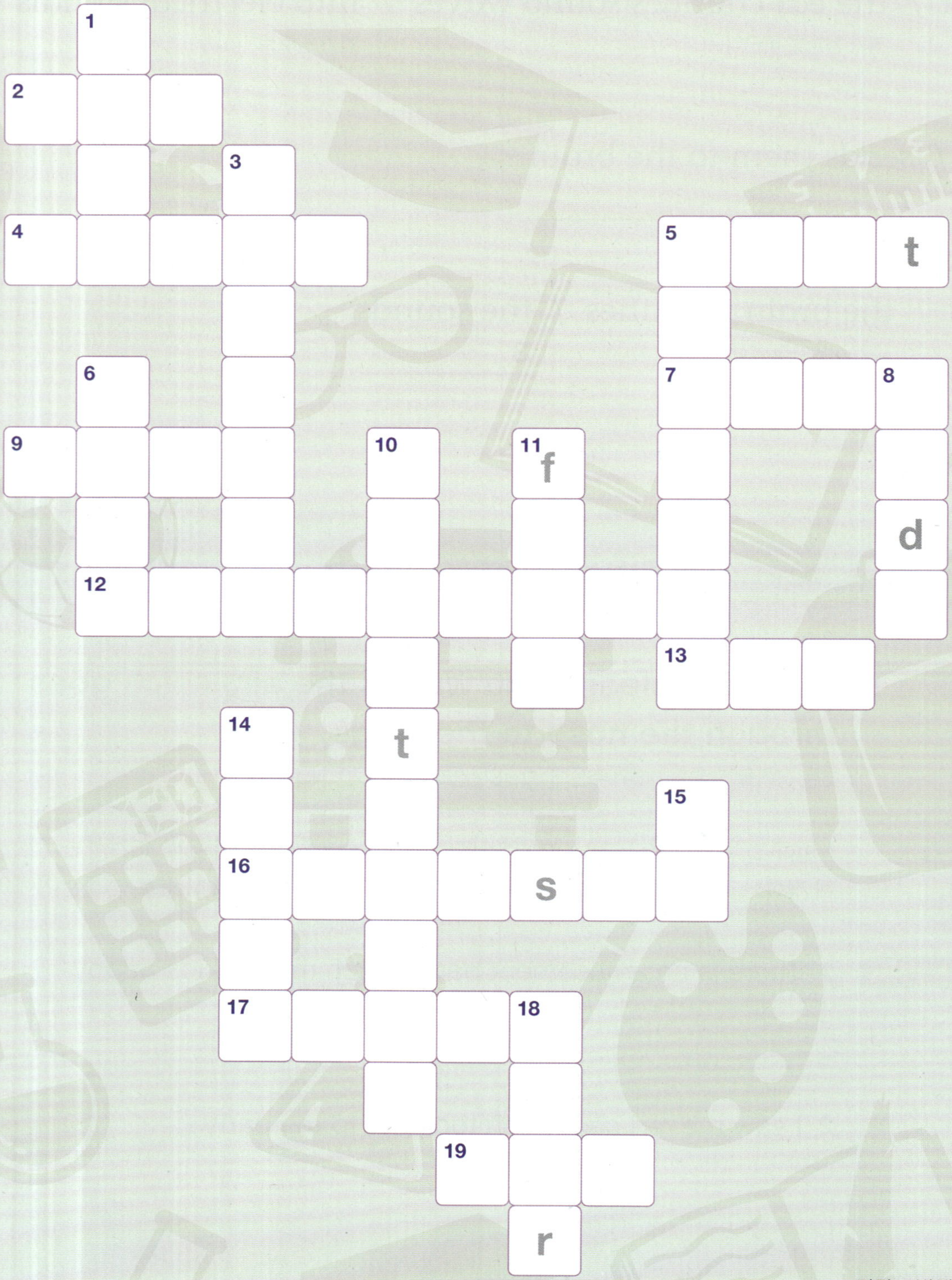

정답 ▶ 별책 64쪽

Across 가로

2. The nose cleans and warms the _____, which goes through the nose to the lungs.
4. Father said he would take off the training _____s for Jimmy.
5. Wash the apples in water to remove the _____.
7. "The grapes are probably _____."
9. We smell with our _____s.
12. Father said that a two-wheel bike is too _____ for Jimmy.
13. Anne had several _____ surgeries. Then she could see well.
16. The fox is _____, so he wants to eat the grapes.
17. The grapes are too high for the fox to _____.
19. Spray the apples with _____ to protect them.

Down 세로

1. The fox sees some grapes hanging _____ on a branch.
3. We can hear sound waves _____ 20 Hertz and 20,000 Hertz.
5. Anne Sullivan had an eye _____ and couldn't see well.
6. Anne taught Helen _____s.
8. Jimmy really wanted to _____ a two-wheel bike.
10. The sense of hearing happens when the ear changes sound waves into _____ signals.
11. Stems and leaves come out _____ the seeds.
14. Anne Sullivan went to Helen Keller's house to work as a _____.
15. Pack the apples _____ size and weight.
18. We _____ with our ears.

청력이 위험하다!

이어폰으로 자주 음악을 듣나요? 큰 소리로 음악을 듣는 것은 위험해요. 우리의 청각은 매우 예민해서 85데시벨(차 안에서 듣는 외부 소음) 이상의 소리에 장기간 노출되면 청력 손실의 위험이 높아져요. 휴대폰 음량을 최대치로 높이면 120데시벨의 소음이 발생하는데, 이 소음은 귀에서 뇌로 가는 전기 신호를 방해하여 청력을 손상시켜요. 한 연구에 따르면, 휴대폰 음량을 최대치로 높인 상태에서 15분 동안 음악을 들으면 청력 손실이 시작된다고 해요. 그래서 음악을 듣는 중간에 이어폰을 빼서 귀를 쉬게 하는 것도 청력 보호에 도움이 돼요.

Unit 16 The Shoemaker and the Elves

One evening, at twelve o'clock, the shoemaker and his wife heard a noise. They hid behind the door.
They wanted to know who was helping them.

Two little elves came into the house with a bag of tools.
The elves wore old shirts and pants.
They were making shoes.
But they didn't have any shoes for themselves.

The two little elves made shoes all night.
Then they put the shoes on the table and ran away.

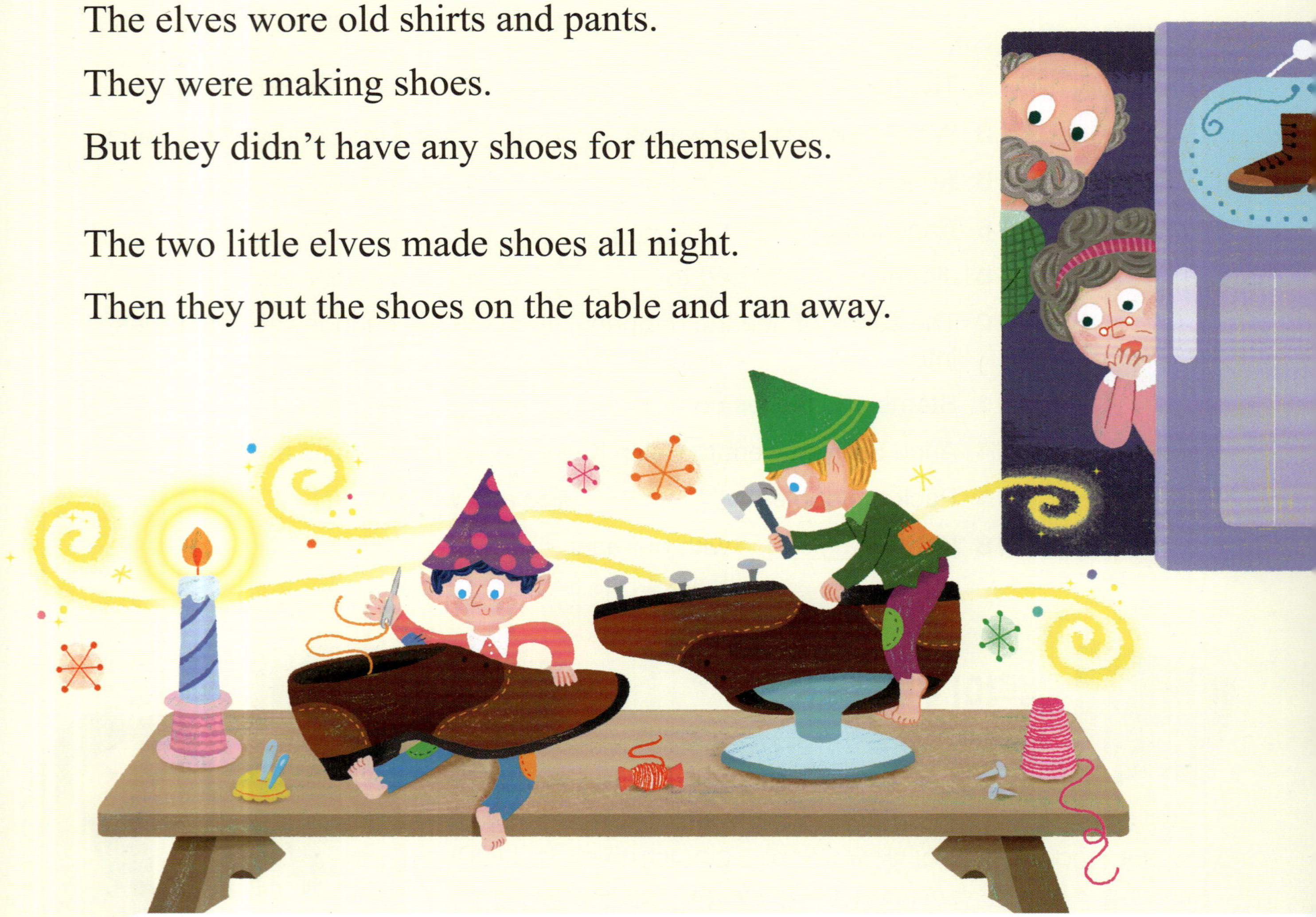

- **o'clock** (정각) ~시 • **shoemaker** 구두장이 • **heard** 들었다 (hear 듣다) • **noise** (시끄러운) 소리
- **hid** 숨었다 (hide 숨다) • **behind** ~의 뒤에 • **elves** 요정들 (elf 요정) • **tool** 연장
- **wore** 입었다 (wear 입다) • **themselves** 그들 자신 • **ran away** 도망갔다 (run away 도망가다)

Comprehension Check

A 문장을 읽고 옳으면 T(True), 틀리면 F(False)에 V표시를 하세요.

1 The shoemaker and his wife heard a noise in the evening.   T ☐   F ☐
2 Two little elves hid behind the door.   T ☐   F ☐
3 The shoemaker and his wife made shoes all night.   T ☐   F ☐

B 빈칸에 들어갈 올바른 답을 고르세요.

1 The shoemaker and his wife wanted to know who was _____ them.
   ⓐ hearing   ⓑ making
   ⓒ taking   ⓓ helping

2 Two little elves came into the house with a bag of _____.
   ⓐ shoes   ⓑ shirts
   ⓒ pants   ⓓ tools

3 The elves didn't have any _____ for themselves.
   ⓐ tools   ⓑ shoes
   ⓒ bags   ⓓ clothes

C 알맞게 연결하여 문장을 완성하세요.

1 They hid   •   ⓐ old shirts and pants.
2 They put the shoes   •   ⓑ behind the door.
3 The elves wore   •   ⓒ on the table and ran away.

Read and Understand

정확하게 읽기

● 잘 읽고 이해했나요? 문장의 정확한 의미를 알아보세요.

→ 시간 앞에는 전치사 at(~에)을 사용해요.

One evening, / at twelve o'clock, /
어느 날 저녁   **1** _____

the shoemaker and his wife / heard a noise.
구두장이와 그의 아내는   **2** _____

They hid / behind the door.
그들은 숨었다   **3** _____

→ 〈were -ing〉는 '~하고 있었다'라고 해석해요.

They wanted to know / who / was helping / them.
4 _____   누가   도와주고 있었는지   그들을

→ 가지고 온 물건을 나타낼 때는 전치사 with를 사용해요.

Two little elves / came into the house / with a bag of tools.
두 명의 작은 요정들은   집으로 들어왔다   **5** _____

The elves wore / old shirts and pants.
6 _____   낡은 셔츠와 바지를

→ 〈were -ing〉는 '~하고 있었다'라고 해석해요.

They were making / shoes.
그들은 만들고 있었다   신발을

But / they didn't have / any shoes / for themselves.
그러나   그들은 갖고 있지 않았다   어떤 신발도   **7** _____

The two little elves / made shoes / all night.
두 명의 작은 요정들은   신발을 만들었다   밤새도록

 all night은 '밤새도록'이라는 뜻이에요.

Then / they put / the shoes / on the table / and ran away.
그런 다음   그들은 놓았다   그 신발들을   탁자 위에   8 _____

Grammar Point 목적어로 쓰이는 〈who + 동사〉

본문 쏙 **They wanted to know who was helping them.**
그들은 누가 그들을 도와주고 있는지 알고 싶었다.

이 문장은 They wanted to know(그들은 알고 싶었다) / who was helping them(누가 그들을 도와주고 있는지)으로 나누어집니다. 밑줄 친 부분이 know의 목적어 역할을 하고 있어요. 밑줄 친 부분에서 주어는 who(누가), 동사는 was helping(돕고 있었다)이랍니다.

확인문제
1 I knew who was helping me.

2 She asked me who ate the cookies.

Unit 17 What Is in the Air?

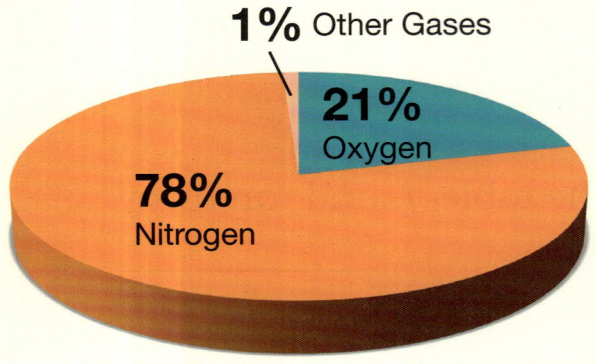

Do you know what is in the air?
There is oxygen in the air.
Living things cannot live without oxygen.

About 21% of the air is oxygen.
But the amount of oxygen in the air isn't the same everywhere.
When you climb up higher into the mountains, you get less oxygen in the air.

About 78% of the air is nitrogen.
And 1% of the air is many other gases.
Oxygen, nitrogen, and many other gases combine to make air.

- **oxygen** 산소 **without** ~없이 **amount** (무엇의) 양 **everywhere** 어디나 **climb** 올라가다
- **less** 더 적은 **nitrogen** 질소 **gas** 가스 **combine** 결합하다

Comprehension Check

A 문장을 읽고 옳으면 T(True), 틀리면 F(False)에 V표시를 하세요.

1 There is oxygen in the air.   T ☐   F ☐
2 Living things can live without oxygen.   T ☐   F ☐
3 About 21% of the air is nitrogen.   T ☐   F ☐

B 빈칸에 들어갈 올바른 답을 고르세요.

1 When you climb up higher into the mountains, you get _____ oxygen in the air.
   ⓐ more   ⓑ less
   ⓒ heavier   ⓓ lighter

2 About 78% of the air is _____.
   ⓐ nitrogen   ⓑ oxygen
   ⓒ gas   ⓓ air

3 One percent of the air is many other _____.
   ⓐ nitrogen   ⓑ gases
   ⓒ oxygen   ⓓ amount

C 알맞게 연결하여 문장을 완성하세요.

1 Do you know   •   ⓐ is oxygen.
2 About 21% of the air   •   ⓑ is many other gases.
3 And 1% of the air   •   ⓒ what is in the air?

정확하게 읽기 — Read and Understand

● 잘 읽고 이해했나요? 문장의 정확한 의미를 알아보세요.

Do you know / what is / in the air?
1 _____   무엇이 있는지   공기 중에

There is oxygen / in the air.
산소가 있다   공기 중에는

↪ living thing은 '살아 있는 것'이므로 '생물'을 뜻해요.

Living things cannot live / without oxygen.
생물들은 살 수가 없다   **2** _____

About 21% of the air / is oxygen.
3 _____   산소이다

But / the amount of oxygen / in the air / isn't the same / everywhere.
그러나   산소의 양은   공기 중에 있는   **4** _____   어디나

↪ high(높이), higher(더 높이)

When you climb up / higher / into the mountains,
당신이 오를 때   더 높이   산으로

/ you get / less oxygen / in the air.
당신은 얻는다   **5** _____   공기 중에서

About 78% of the air / is nitrogen.
6 _____   질소이다

84

And 1% of the air / is many other gases.
그리고 공기의 1%는   **7** _____

Oxygen, nitrogen, and many other gases / combine / to make air.
산소, 질소, 그리고 많은 다른 가스들은   결합한다   공기를 만들기 위해

Grammar Point — when의 쓰임

본문 속
When you climb up higher into the mountains, you get less oxygen in the air.
당신이 산을 더 높이 오를 때, 당신은 공기 중에 더 적은 산소를 갖는다.

when이 문장 맨 앞에 나올 때는 쉼표가 있는 곳까지 when이 이끄는 부분이라고 보면 돼요. 즉, 위 문장에서 When you climb up higher into the mountains,까지가 when이 이끄는 부분이므로 '당신이 산을 더 높이 오를 때'라고 해석하면 됩니다.

확인문제

1 When I study English, I need a teacher.

2 When he was young, he was poor.

Unit 18: The Elephant and the Bird

One day, a bird fell from a tree and hurt her wings.
She looked up at the tree and cried.
Suddenly, an elephant picked up the bird with his nose
and put her up in the nest.
She thanked the elephant.

A few days later, the bird heard a noise.
The elephant had a bug on his back.
He wanted to scratch his back, but he couldn't.
The bird flew to the elephant's back and ate the bug for him.
The elephant thanked the bird.

- **fell** 떨어졌다 (fall 떨어지다) • **hurt** 다쳤다 (hurt 다치다) • **wing** 날개 • **look up** 올려다보다
- **pick up** 들어올리다 • **bug** 벌레 • **back** 등 • **scratch** 긁다 • **flew** 날았다 (fly 날다)

Comprehension Check

A 문장을 읽고 옳으면 T(True), 틀리면 F(False)에 V표시를 하세요.

1 A bird fell from a tree and hurt her legs.   T ☐   F ☐
2 An elephant picked up the bird with his feet.   T ☐   F ☐
3 The bird ate the bug on the elephant's back.   T ☐   F ☐

B 빈칸에 들어갈 올바른 답을 고르세요.

1 A bird looked up at the tree and _____.
  ⓐ cried   ⓑ laughed
  ⓒ scratched   ⓓ thanked

2 The elephant had a bug on his _____.
  ⓐ face   ⓑ ear
  ⓒ nose   ⓓ back

3 The bird _____ to the elephant's back and _____ the bug.
  ⓐ fly, eat   ⓑ flew, eat
  ⓒ fly, ate   ⓓ flew, ate

C 알맞게 연결하여 문장을 완성하세요.

1 A bird fell from a tree •   ⓐ his back.
2 She looked up at •   ⓑ the tree and cried.
3 He wanted to scratch •   ⓒ and hurt her wings.

Unit 18 · 87

Read and Understand

정확하게 읽기

● 잘 읽고 이해했나요? 문장의 정확한 의미를 알아보세요.

fell from은 '~에서 떨어졌다'라는 뜻이에요.

One day, / a bird fell from a tree / and hurt her wings.
어느 날　　　1_____　그리고 날개를 다쳤다

look up은 '위를 보다', 즉 '올려다보다'라는 의미예요.

She looked up / at the tree / and cried.
2_____　나무를 향해　그리고 울었다

Suddenly, / an elephant picked up / the bird / with his nose /
갑자기　　　3_____　그 새를　　그의 코로

and put her up / in the nest.
그리고 그녀를 올려놓았다　둥지 안에

thank는 '고마워하다'라는 뜻의 동사예요.

She thanked / the elephant.
4_____　그 코끼리에게

A few days later, / the bird heard / a noise.
5_____　그 새는 들었다　어떤 소리를

The elephant had / a bug / on his back.
그 코끼리가 갖고 있었다　어떤 벌레를　그의 등 위에

He wanted / to scratch his back, / but he couldn't.
그는 원했다　6_____　그러나 그는 할 수 없었다

The bird flew / to the elephant's back / and ate the bug / for him.
그 새는 날아갔다   그 코끼리의 등으로   7 _____   그를 위해

The elephant thanked / the bird.
그 코끼리는 고마워했다   그 새에게

Grammar Point — 불규칙하게 변하는 과거형 동사

본문 속 **One day, a bird fell from a tree and hurt her wings.**
어느 날, 새 한 마리가 나무에서 떨어져서 날개를 다쳤다.

동사의 과거형에는 보통 -ed나 -d가 붙어요. 그런데 이 규칙을 따르지 않고 불규칙적으로 변하거나 아예 형태가 변하지 않는 동사들도 있어요.
- 불규칙하게 변하는 동사: fly(날다)-flew   eat(먹다)-ate   hear(듣다)-heard
- 모양이 변하지 않는 동사: hurt(다치다)-hurt   put(놓다)-put   cut(자르다)-cut

확인문제

1 I jumped and hurt my legs.

2 A bee flew to a flower and ate some nectar.

Unit 19 Louis Pasteur

Louis Pasteur was born in France, in 1822.
Young Pasteur loved science.
He became a chemistry professor at a university.

Pasteur was curious about how wine and milk spoiled.
He studied hard and found out that heating up wine and milk can kill germs. This is called pasteurization.
Pasteurization can make wine, milk, cheese, and vinegar last longer and become safer to eat and drink.
We still use pasteurization today.
It allows us to keep food longer and safer.

- **France** 프랑스 • **science** 과학 • **became** ~이 되었다 (become ~이 되다) • **chemistry** 화학
- **professor** 교수 • **university** 대학 • **curious** 궁금한 • **spoil** 상하다
- **found out** 알아냈다 (find out 알아내다) • **heat up** 가열하다 • **germ** 세균
- **pasteurization** 저온 살균 • **vinegar** 식초 • **last** 오래가다, 지속되다 • **allow** 가능하게 하다, 허락하다

Comprehension Check

A 문장을 읽고 옳으면 T(True), 틀리면 F(False)에 V표시를 하세요.

1   Pasteur was born in Germany.   T ☐   F ☐
2   He studied hard and discovered pasteurization. T ☐   F ☐
3   We don't use pasteurization today.   T ☐   F ☐

B 빈칸에 들어갈 올바른 답을 고르세요.

1   Young Pasteur loved _____.

   ⓐ professors   ⓑ science
   ⓒ university   ⓓ France

2   Pasteur was curious about how wine and milk _____.

   ⓐ mixed   ⓑ lasted
   ⓒ spoiled   ⓓ combined

3   Pasteurization can make food _____ longer.

   ⓐ spoil   ⓑ eat
   ⓒ last   ⓓ use

C 알맞게 연결하여 문장을 완성하세요.

1   Louis Pasteur was born   •   ⓐ in France, in 1822.
2   He became a chemistry   •   ⓑ food longer and safer.
3   It allows us to keep   •   ⓒ professor at a university.

Read and Understand

정확하게 읽기

● 잘 읽고 이해했나요? 문장의 정확한 의미를 알아보세요.

Louis Pasteur was born / in France, / in 1822.
1 _____   프랑스에서   1822년에

Young Pasteur / loved / science.
젊은 파스퇴르는   사랑했다   과학을

He became / a chemistry professor / at a university.
그는 되었다   화학 교수가   **2** _____

Pasteur was curious about / how wine and milk spoiled.
파스퇴르는 ~에 대해 궁금했다   **3** _____

↪ that 이하 부분은 found out의 목적어예요.

He studied hard / and found out / that /
그는 열심히 연구했다   그리고 알아냈다   ~라는 것을

heating up wine and milk / can kill germs.
와인과 우유를 가열하는 것이   **4** _____

↪ call은 '부르다'인데, is called 하면 '~라고 불리다'라는 뜻이 돼요.

This is called / pasteurization.
5 _____   저온 살균이라고

↪ 〈make A B〉(A를 B하게 만들다) 구문으로서, B가 두 가지인 형태예요.

Pasteurization can make / wine, milk, cheese, and vinegar /
저온 살균은 만들 수 있다   와인, 우유, 치즈, 그리고 식초를

92

↱ longer(더 오래)와 safer(더 안전한)는 long과 safe의 비교급이에요.

last longer / and become safer / to eat and drink.
6 _____ 그리고 더 안전해지게 　　먹고 마시기에

We still use / pasteurization / today.
7 _____ 　저온 살균을　　　　　오늘날

↱ 〈allow A to B〉는 'A가 B하는 것을 가능하게 하다'라는 뜻이에요.

It allows us / to keep food / longer and safer.
그것은 우리가 가능하게 한다　음식을 보관하는 것이　**8** _____

Grammar Point — 주어로 쓰이는 동명사

본문 속 **He studied hard and found out that heating up wine and milk can kill germs.**
그는 열심히 연구해서 와인과 우유를 가열하는 것이 세균을 죽일 수 있다는 것을 알아냈다.

동사에 -ing를 붙여서 동명사를 만들면 '~하는 것'이라는 의미가 되므로, heat up(가열하다)을 heating up으로 바꾸면 '가열하는 것'이라는 뜻이 돼요. 이렇게 동사를 동명사로 만들면 주어나 목적어, 보어로 쓰일 수 있어요. 예문을 보면 that 이하 부분에서 heating up wine and milk(와인과 우유를 가열하는 것)가 주어로 쓰이고 있어요.

확인문제 **1** Reading books helps your mind.
_____

2 Watching action movies can release stress.
_____

Unit 20
The Goose with the Golden Eggs

Once upon a time, a man and his wife had a very special goose.
Every day the goose laid a golden egg.
They became rich because of the gold.
But the richer they became, the more gold they wanted.

The man and his wife thought there would be many golden eggs inside the goose. So they killed the goose.
But there were no golden eggs. They regretted what they had done.

So remember! It isn't good to be greedy!

- **special** 특별한 • **goose** 거위 • **golden** 금으로 된 • **thought** 생각했다 (think 생각하다)
- **inside** ~안에 • **kill** 죽이다 • **regret** 후회하다 • **remember** 기억하다 • **greedy** 욕심 많은

Comprehension Check

A 문장을 읽고 옳으면 T(True), 틀리면 F(False)에 V표시를 하세요.

1. Every day the goose laid a golden egg. T ☐ F ☐
2. They became rich because of the gold. T ☐ F ☐
3. There were many golden eggs inside the goose. T ☐ F ☐

B 빈칸에 들어갈 올바른 답을 고르세요.

1. A man and his wife had a very special _____.
   - ⓐ gold
   - ⓑ duck
   - ⓒ goose
   - ⓓ chicken

2. They wanted more _____ from the goose.
   - ⓐ gold
   - ⓑ silver
   - ⓒ normal eggs
   - ⓓ money

3. They thought there would be many golden eggs _____ the goose.
   - ⓐ inside
   - ⓑ outside
   - ⓒ behind
   - ⓓ under

C 알맞게 연결하여 문장을 완성하세요.

1. There were no •   ⓐ what they had done.
2. They regretted •   ⓑ golden eggs.
3. It isn't good •   ⓒ to be greedy!

Unit 20 · 95

Read and Understand
정확하게 읽기

● 잘 읽고 이해했나요? 문장의 정확한 의미를 알아보세요.

↱ once upon a time은 옛이야기를 시작할 때 흔히 사용해요.
Once upon a time, / a man and his wife had / a very special goose.
옛날 옛적에 한 남자와 그의 아내는 갖고 있었다 **1** _____

Every day / the goose laid / a golden egg.
매일 **2** _____ 황금알을

이유가 '절(주어+동사)'일 때는 because를 쓰지만,
↱ 명사일 때는 because of를 써요.
They became rich / because of the gold.
3 _____ 그 금 때문에

↱ 〈the 비교급〉이 문장 맨 앞으로 나오면 '더 ~할수록'이라는 뜻이 돼요.
But / the richer they became, / the more gold they wanted.
그러나 **4** _____ 그들은 더 많은 금을 원했다

The man and his wife thought /
그 남자와 그의 아내는 생각했다

there would be / many golden eggs / inside the goose.
있을 거라고 많은 황금알들이 **5** _____

So / they killed / the goose.
그래서 **6** _____ 그 거위를

↱ no는 not과 같은 의미로 명사 앞에 쓰여요.
But / there were no / golden eggs.
그러나 없었다 황금알들이

They regretted / what they had done.
그들은 후회했다   7 _____

So / remember!   It isn't good / to be greedy!
그러니 기억해라   좋지 않다   8 _____

Grammar Point: the 비교급, the 비교급

본문 쏙 But **the richer** they became, **the more** gold they wanted.
그러나 그들은 더 부자가 될수록, 더 많은 금을 원했다.

위 문장은 〈the 비교급+주어+동사, the 비교급+주어+동사〉로 이루어진 구조예요. 'the 비교급'이 주어 앞으로 나와서 강조가 된 형태이지요. 이런 문장은 '더 ~할수록, 더 ~하다'라고 해석하면 됩니다.

 1 The more food you eat, the fatter you become.
_____

2 The more we have, the more we want.
_____

Word Puzzle

Unit 16-20

● 퍼즐을 풀며 배운 단어를 복습해 보세요. 문장을 완성하는 단어를 해당 칸에 넣어 퍼즐을 완성하세요.

정답 ▶ 별책 64쪽

Across 가로

1. An elephant picked up the bird with his _____.
5. The richer they became, the _____ gold they wanted.
7. Pasteur was curious about how wine and milk _____ed.
9. Living things cannot live _____ oxygen.
11. Oxygen, nitrogen, and many other gases combine to _____ air.
12. The elephant had a _____ on his back.
14. Young Pasteur loved _____.
16. The elephant wanted to _____ his back, but he couldn't.
17. Heating up wine and milk can kill _____s.
18. A man and his wife became _____ because of the gold.

Down 세로

2. The bird flew to the elephant's back and _____ the bug for him.
3. When you climb up higher into the mountains, you get _____ oxygen in the air.
4. Two little elves came into the house with a bag of _____s.
6. Pasteur became a chemistry _____ at a university.
8. About 21% of the air is _____.
10. The elephant _____ed the bird.
12. The shoemaker and his wife hid _____ the door.
13. Every day the goose laid a _____ egg.
15. A bird fell from a tree and _____ her wings.
16. Pasteurization allows us to keep food longer and _____.

Learn More!

서로 돕고 사는 생물들

생물들 사이에는 먹고 먹히는 '먹이 사슬' 관계가 있지만, 서로 도움을 주고받는 공생 관계도 존재해요. 대표적인 예로, 악어새는 악어의 이빨에 낀 찌꺼기를 얻어먹고, 악어는 입안을 청소할 수 있어요. 개미는 진딧물을 무당벌레 같은 천적으로부터 보호해 주는 대신, 진딧물의 꽁무니에서 단물을 얻어요. 바다에서는 곰치와 청소놀래기가 공생해요. 곰치는 청소놀래기만은 잡아먹지 않고, 청소놀래기가 다가오면 입을 벌려 이빨 사이의 찌꺼기를 청소하게 해요. 청소놀래기는 몸과 아가미에 붙은 기생충까지 말끔히 먹어치워요.

기적의 직독직해: 80 words B

Key Words 160

이 책으로 160개 필수 어휘를 마스터 했어!

A

- across 지름으로, 가로질러
- allow 가능하게 하다, 허락하다
- amazing 놀라운
- amount (무엇의) 양
- appear 나타나다
- army 군대
- at once 동시에
- ate 먹었다

B

- back 등
- bald 대머리의
- be made of ~로 만들어지다
- became ~이 되었다
- because ~ 때문에
- behind ~의 뒤에
- between 사이에
- blind 시각 장애가 있는
- branch 나뭇가지

- bug 벌레
- burning 불타는
- by herself 그녀 혼자

C

- cause 초래하다
- change 바꾸다
- classmate 반 친구
- climb 올라가다
- colorful 형형색색의
- combine 결합하다
- curious 궁금한

D

- damage 피해를 주다
- dangerous 위험한
- deaf 청각 장애가 있는
- deliver 배달하다
- desert 사막
- die 죽다

- direction 방향
- disease 질병
- distance 거리
- do the dishes 설거지하다
- do the laundry 빨래하다
- dolphin 돌고래
- dragonfly 잠자리
- during ~동안

E

- Earth 지구
- everywhere 어디나

F

- fact 사실
- fell 떨어졌다
- few 거의 없는
- fifth 다섯 번째(의)
- flew 날았다

- flood 홍수
- fold 접다
- frighten 겁먹게 하다

G
- gas 가스
- germ 세균
- get used to ~에 익숙해지다
- give up 포기하다
- goose 거위
- grape 포도
- greedy 욕심 많은

H
- hang 매달리다
- happen (일이) 일어나다
- harm 해치다
- harvest 수확하다
- heard 들었다
- hearing 듣기
- heat 열기, 열
- hid 숨었다
- hurt 다쳤다

I
- identify 식별하다
- inside ~ 안에
- introduce 소개하다

K
- kick 발차기; 차다
- kill 죽이다
- knew 알았다

L
- land 육지, 땅
- learn 알게 되다, 배우다
- less 더 적은
- lightning 번개
- list 목록
- lost 길을 잃은
- loud (소리가) 큰
- low (소리가) 작은
- lung 폐, 허파

M
- met 만났다
- moth 나방
- muscle 근육

N
- naked 벌거벗은
- noise (시끄러운) 소리
- normal 정상적인

O
- o'clock (정각) ~시
- ostrich 타조
- outside 외부의
- oxygen 산소

P
- pack 포장하다
- panther 표범
- pick up 들어올리다
- pilot 비행기 조종사
- planet 세상, 행성
- plant 식물; 심다
- pollution 공해
- practice 연습하다
- probably 아마
- professor 교수
- protect 보호하다

Q
- question 질문

R

- raise 키우다
- ran away 도망갔다
- reach ~에 닿다
- regret 후회하다
- remember 기억하다
- remove 제거하다
- ride (자전거를) 타다
- right now 지금 당장은
- root 뿌리

S

- said 말했다
- science 과학
- scratch 긁다
- seed 씨앗
- send 보내다
- sense 감각
- several 몇몇의
- shy 수줍어하는
- smooth 부드러운
- someday 언젠가
- sometimes 가끔
- sour (맛이) 신
- special 특별한
- spoil 상하다
- spray 뿌리다
- spread 펼치다
- stem 줄기
- store 저장하다
- storm 폭풍
- suddenly 갑자기
- surgery 수술

T

- take off 떼어 내다
- taught 가르쳤다
- test 시험
- thick 두꺼운
- thin 가는
- thirsty 목이 마른
- thought 생각했다
- through ~을 통해
- tool 연장
- tough 단단한
- training 훈련
- try 시도하다
- tutor 가정교사

U

- university 대학

V

- vacuum 진공청소기로 청소하다
- voice 목소리

W

- warm 데우다
- weight 무게
- went 갔다
- wheel 바퀴
- wing 날개
- without ~없이
- woods 숲, 나무
- wore 입었다
- worried 걱정하는
- write 쓰다

MEMO

영어 독해를 완성하는 기적 시리즈

끊어 읽기 연습으로 정확한 독해 완성하기!

기적의 직독직해

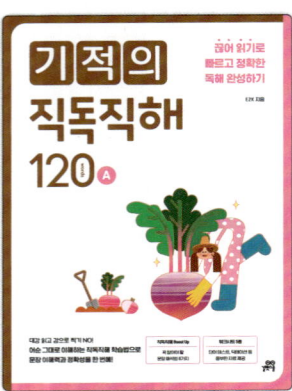

끊어 읽는 직독직해 연습으로
영어 이해력, 읽기 속도, 정확성을 동시에 키웁니다.

- 직독직해가 술술 되는 '그래머 포인트'와 '문장 해석법'
- 다양한 장르의 흥미로운 글감을 골고루!
- 단어 연습과 지문 복습을 위한 워크북 제공

전 4권 구성 │ 대상: 초등 4~6학년
E2K 지음 │ 각 권 168쪽 │ 각 권 16,000원 │ MP3, 워크시트 5종 다운로드

패턴 문장으로 탄탄한 기초 실력 쌓기!

기적의 패턴리딩

출간 예정
(2025년 2월)

반복 문형이 등장하는 지문 읽기를 통해
어휘와 문형을 자연스럽게 습득합니다.

- 반복 문장 패턴으로 읽기 자신감을 키우는 패턴 리딩
- 다양한 장르의 흥미로운 글감을 골고루!
- 초등 필수 어휘를 확실히 익히는 워크북 제공

전 6권 구성 │ 대상: 초등 1~3학년
E2K 지음 │ 각 권 140쪽 │ 각 권 16,000원 │ MP3, 워크시트 4종 다운로드

기적 영어 학습서

기본이 탄탄! 실전에서 척척!
유초등 필수 영어능력을 길러주는 코어 학습서

유아 영어
재미있는 액티비티가 가득한
4~6세를 위한 영어 워크북

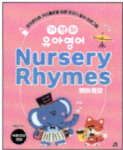			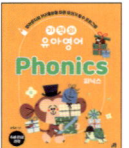
4세 이상	5세 이상	6세 이상	6세 이상

파닉스 완성 프로그램
알파벳 음가 ➡ 사이트 워드
➡ 읽기 연습까지!
리딩을 위한 탄탄한 기초 만들기

6세 이상 전 3권	1~3학년	1~3학년 전 3권

영어 단어
영어 실력의 가장 큰 바탕은 어휘력!
교과과정 필수 어휘 익히기

1~3학년 전 2권	3학년 이상 전 2권

영어 리딩
패턴 문장 리딩으로 시작해
정확한 해석을 위한 끊어 읽기까지!
탄탄한 독해 실력 쌓기

	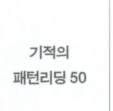		
2~3학년 전 3권	3~4학년 전 3권	4~5학년 전 2권	5~6학년 전 2권

영어 라이팅
저학년은 패턴 영작으로,
고학년은 5형식 문장 만들기 연습으로
튼튼한 영작 실력 완성

2학년 이상 전 4권	4학년 이상 전 5권	5학년 이상 전 2권	6학년 이상

영어일기
한 줄 쓰기부터 생활일기,
주제일기까지!
영어 글쓰기 실력을 키우는 시리즈

3학년 이상	4~5학년	5~6학년

영문법
중학 영어 대비, 영어 구사
정확성을 키워주는 영문법 학습

4~5학년 전 2권	5~6학년 전 3권	6학년 이상

기적의 직독직해

끊어 읽기로
빠르고 정확한
독해 완성하기

80 words B

Workbook & Answers
워크북 및 정답

기적의 직독직해

80 words B

Workbook

Unit 1　　Storms

A 우리말 뜻을 쓰고, 영단어를 세 번 쓰면서 철자를 익히세요.

1	storm	폭풍			
2	Earth				
3	remove				
4	dangerous				
5	damage				
6	cause				
7	flood				
8	lightning				

B 우리말 뜻에 맞는 영단어를 써 넣으세요.

1 지구　　E_____
2 홍수　　f_____
3 위험한　d_____
4 제거하다　r_____
5 폭풍　　s_____
6 초래하다　c_____
7 피해를 주다　d_____
8 번개　　l_____

C 지문을 다시 읽으며 올바른 단어에 동그라미 하세요.

Title: _____

Storms **1**(bring / take) heavy rain and strong winds.
There **2**(is / are) good things and bad things about storms.

One good thing about storms is that they **3**(cool / heat) the Earth.
Another good thing is that they **4**(remove / cause) pollution from the air.
They give **5**(fire / water) to all living creatures.

The bad thing about storms is **6**(that / which) they are very dangerous.
They can **7**(damage / help) crops and houses.
They can cause **8**(pollution / floods).
Lightning starts forest fires each **9**(year / years).

Unit 2 Doing House Chores

A 우리말 뜻을 쓰고, 영단어를 세 번 쓰면서 철자를 익히세요.

1	worried	걱정하는			
2	because				
3	write				
4	list				
5	do the dishes				
6	vacuum				
7	do the laundry				
8	by herself				

B 우리말 뜻에 맞는 영단어를 써 넣으세요.

1 빨래하다   d_____

2 그녀 혼자   b_____

3 목록   l_____

4 쓰다   w_____

5 설거지하다   d_____

6 걱정하는   w_____

7 ~ 때문에   b_____

8 진공청소기로 청소하다   v_____

C 지문을 다시 읽으며 올바른 단어에 동그라미 하세요.

Title:

Sara and Cathy are **1**(worry / worried) about their mom because she is sick in bed.

They want to help their mom today.

Mom writes a **2**(last / list) of house chores.

Wow! There are so many things **3**(do / to do).

Sara does the **4**(dish / dishes).

She **5**(vacuums / vacummes) the house.

She **6**(waters / washes) the flowers.

Cathy **7**(do / does) the laundry.

She cleans the bathroom.

She **8**(waters / washes) the dog.

Sara and Cathy are tired.

Their mom does all this work by **9**(himself / herself).

They feel **10**(happy / sorry) for her.

Unit 3 Butterflies and Moths

A 우리말 뜻을 쓰고, 영단어를 세 번 쓰면서 철자를 익히세요.

1	colorful	형형색색의		
2	moth			
3	thin			
4	smooth			
5	wing			
6	thick			
7	fold			
8	spread			

B 우리말 뜻에 맞는 영단어를 써 넣으세요.

1 두꺼운   t_____   2 나방   m_____

3 펼치다   s_____   4 가는   t_____

5 부드러운 s_____   6 접다   f_____

7 형형색색의 c_____   8 날개   w_____

C 지문을 다시 읽으며 올바른 단어에 동그라미 하세요.

Title:

We can see **1**(colorful / colorfull) butterflies in the daytime. We can see gray or brown **2**(mothes / moths) in the nighttime.

A butterfly has a **3**(thin / thick) and smooth body with wings. A moth has a **4**(thin / thick) and fuzzy body with wings.

A butterfly folds its wings **5**(upward / downward) when sitting on a flower. A moth spreads its wings **6**(upward / downward) when sitting on a leaf.

The **7**(larger / largest) butterfly in the world is about eleven inches. **8**(A / The) largest moth in the world is about twelve inches.

Unit 4 — Hansel and Gretel

A 우리말 뜻을 쓰고, 영단어를 세 번 쓰면서 철자를 익히세요.

#	영단어	우리말 뜻			
1	lost	길을 잃은			
2	woods				
3	be made of				
4	went				
5	ate				
6	suddenly				
7	appear				
8	happen				

B 우리말 뜻에 맞는 영단어를 써 넣으세요.

1. 갔다 　　w_____
2. 갑자기 　　s_____
3. ~로 만들어지다 　　b_____
4. 숲, 나무 　　w_____
5. 길을 잃은 　　l_____
6. 나타나다 　　a_____
7. (일이) 일어나다 　　h_____
8. 먹었다 　　a_____

C 지문을 다시 읽으며 올바른 단어에 동그라미 하세요.

Title:

Hansel and Gretel **1**(was / were) lost in the woods.

They couldn't find their way home.

They were scared and **2**(sleepy / hungry).

Hansel and Gretel **3**(finded / found) a little house in the woods.

The house was **4**(make / made) of bread.

The roof was made **5**(to / of) cake.

The windows were made of **6**(candys / candies).

Hansel went up to the **7**(roof / window) and ate the cake.

Gretel went to the **8**(roof / window) and ate the candies.

Suddenly, the door opened and **9**(a / an) old woman appeared.

Who is she? What will happen to Hansel and Gretel?

Unit 5 — Desert Life

A 우리말 뜻을 쓰고, 영단어를 세 번 쓰면서 철자를 익히세요.

#	단어	뜻			
1	fifth	다섯 번째(의)			
2	land				
3	desert				
4	during				
5	plant				
6	few				
7	root				
8	distance				

B 우리말 뜻에 맞는 영단어를 써 넣으세요.

1. 식물; 심다   p_____
2. 사막   d_____
3. 다섯 번째(의)   f_____
4. 거의 없는   f_____
5. 거리   d_____
6. 뿌리   r_____
7. ~ 동안   d_____
8. 육지, 땅   l_____

C 지문을 다시 읽으며 올바른 단어에 동그라미 하세요.

Title:

One **1**(five / fifth) of the land on the Earth is desert.

Deserts are **2**(hot / cold) during the day and **3**(hot / cold) at night.

Deserts get only **4**(over / about) 40 cm of rain a year.

Desert animals sleep **5**(for / during) the day and move **6**(in / at) night.

This is **7**(why / because) it is so hot and there is not much water to drink.

Desert plants have **8**(few / a few) or no leaves.

Also, they have **9**(short / long) roots.

So they can get water from long distances.

It is not easy to **10**(leave / live) in the desert.

Unit 6 — The New Classmate

A 우리말 뜻을 쓰고, 영단어를 세 번 쓰면서 철자를 익히세요.

#	영단어	뜻			
1	introduce	소개하다			
2	classmate				
3	shy				
4	question				
5	low				
6	voice				
7	loud				
8	kick				

B 우리말 뜻에 맞는 영단어를 써 넣으세요.

1. 목소리 — v_____
2. 수줍어하는 — s_____
3. (소리가) 작은 — l_____
4. 발차기; 차다 — k_____
5. 소개하다 — i_____
6. 반 친구 — c_____
7. 질문 — q_____
8. (소리가) 큰 — l_____

C 지문을 다시 읽으며 올바른 단어에 동그라미 하세요.

Title:

The teacher introduces a new **1**(classroom / classmate), Amy.

She looks very shy.

Students ask the new classmate questions.

Amy is so shy **2**(why / that) she speaks in a **3**(low / loud) voice.

She says she's **4**(from / for) Chicago.

She lives with her parents and twin brothers.

Students ask her **5**(how / what) she is good at.

Suddenly, Amy speaks in a **6**(low / loud) voice.

She says she is good **7**(at / for) taekwondo.

She has a **8**(brown / black) belt.

She **9**(sees / shows) her kicks.

She says she will teach **10**(them / their) taekwondo.

Amy is not shy anymore.

Unit 7 Skin

A 우리말 뜻을 쓰고, 영단어를 세 번 쓰면서 철자를 익히세요.

1	protect	보호하다			
2	muscle				
3	outside				
4	disease				
5	normal				
6	sense				
7	tough				
8	heat				

B 우리말 뜻에 맞는 영단어를 써 넣으세요.

1 단단한   t_____   2 보호하다   p_____

3 외부의   o_____   4 근육   m_____

5 열기, 열   h_____   6 감각   s_____

7 질병   d_____   8 정상적인   n_____

C 지문을 다시 읽으며 올바른 단어에 동그라미 하세요.

Title:

Your skin covers and **1**(keeps / protects) your body.

It protects your **2**(born / bones), muscles, and organs.

It also protects your body **3**(for / from) outside diseases.

It keeps your body at the **4**(normal / high) temperature of 36.5 degrees Celsius.

Skin has the **5**(sense / feel) of touch.

So you can feel soft and **6**(touch / tough) things.

Also, skin reacts to **7**(hot / heat) and cold.

The **8**(thinest / thinnest) skin on your body is your eyelids.

These protect your **9**(mouth / eyes).

10(A / The) thickest skin on your body is the soles of your feet.

Unit 8 The Jungle Book

A 우리말 뜻을 쓰고, 영단어를 세 번 쓰면서 철자를 익히세요.

1	panther	표범			
2	naked				
3	bald				
4	raise				
5	harm				
6	frighten				
7	burning				
8	branch				

B 우리말 뜻에 맞는 영단어를 써 넣으세요.

1 불타는 b_____ 2 표범 p_____

3 대머리의 b_____ 4 해치다 h_____

5 벌거벗은 n_____ 6 겁먹게 하다 f_____

7 나뭇가지 b_____ 8 키우다 r_____

16 기적의 직독직해: 80 words B

Workbook

C 지문을 다시 읽으며 올바른 단어에 동그라미 하세요.

Title:

A panther, Bagheera, **1**(finds / looks) a boat.

There is a small baby **2**(cry / crying).

Bagheera **3**(takes / brings) the baby to a wolf family.

Mother Wolf says, "He's little! He's naked! He's **4**(old / bald)!"

Father Wolf **5**(finds / names) the baby Mowgli.

They **6**(raise / grow) the boy.

Mowgli eats and sleeps with the **7**(wolfs / wolves).

Ten years later, Mowgli **8**(raises / grows) up as a strong young boy.

The tiger, Shere Khan, wants to harm Mowgli.

Mowgli frightens him **9**(away / way) using a burning branch.

Unit 9 Animal Eyes

A 우리말 뜻을 쓰고, 영단어를 세 번 쓰면서 철자를 익히세요.

1	fact	사실			
2	dragonfly				
3	dolphin				
4	planet				
5	across				
6	ostrich				
7	direction				
8	at once				

B 우리말 뜻에 맞는 영단어를 써 넣으세요.

1 잠자리   d_____   2 돌고래   d_____

3 사실   f_____   4 지름으로, 가로질러   a_____

5 타조   o_____   6 동시에   a_____

7 세상, 행성   p_____   8 방향   d_____

C 지문을 다시 읽으며 올바른 단어에 동그라미 하세요.

Title:

Most animals have two eyes, but some **1**(don't / doesn't).
A worm has **2**(three / no) eyes. A spider has eight eyes.

Here are some **3**(hot / cool) facts about animal eyes.
An owl can see a moving animal forty-six meters **4**(off / away).
A dragonfly has 30,000 **5**(lens / lenses) in its eyes.
A dolphin sleeps **6**(with / without) one eye open.
A colossal squid has the largest eye on the **7**(planet / plant).
It's around twenty-seven centimeters **8**(cross / across).
An ostrich's eye is bigger **9**(then / than) its brain.
A chameleon can move each eye separately to look in two different directions at **10**(one / once).

Unit 10 — What Would Dad Say?

A 우리말 뜻을 쓰고, 영단어를 세 번 쓰면서 철자를 익히세요.

#	영단어	우리말 뜻			
1	die	죽다			
2	pilot				
3	army				
4	said				
5	amazing				
6	sometimes				
7	test				
8	knew				

B 우리말 뜻에 맞는 영단어를 써 넣으세요.

1 군대 a_____

2 가끔 s_____

3 비행기 조종사 p_____

4 놀라운 a_____

5 시험 t_____

6 말했다 s_____

7 알았다 k_____

8 죽다 d_____

C 지문을 다시 읽으며 올바른 단어에 동그라미 하세요.

Title:

I don't have a dad because he **1**(die / died) when I was two years old.

He was a pilot in the army.

My mom **2**(sayed / said) he was amazing.

He loved **3**(fly / flying).

I sometimes think about what my dad **4**(will / would) say to me.

5(What / Why) would he say when our baseball team **6**(wins / loses) a game?

What would he say when I **7**(get / fail) an A on a test?

I know what he would **8**(said / say) to me.

"Eric, you're a great kid! I **9**(know / knew) you could do it!"

Unit 11 From Farm to Table

A 우리말 뜻을 쓰고, 영단어를 세 번 쓰면서 철자를 익히세요.

1	seed	씨앗			
2	several				
3	harvest				
4	store				
5	spray				
6	pack				
7	weight				
8	deliver				

B 우리말 뜻에 맞는 영단어를 써 넣으세요.

1 무게   w_____

2 포장하다   p_____

3 배달하다   d_____

4 수확하다   h_____

5 씨앗   s_____

6 뿌리다   s_____

7 몇몇의   s_____

8 저장하다; 가게   s_____

C   지문을 다시 읽으며 올바른 단어에 동그라미 하세요.

Title:

Plant the apple **1**(seeds / stems).

Several weeks later, **2**(fruits / stems) and leaves come out from the seeds.

Water and **3**(harvest / fertilize) the plants.

4(Harvest / Fertilize) the apples.

5(Wash / Store) the apples in a cool room.

6(Wash / Store) them in water to remove the dirt.

Spray the apples with **7**(water / wax) to protect them.

8(Pack / Deliver) them by size and weight.

9(Pack / Deliver) them to markets and other stores.

People can **10**(enjoy / buy) delicious apples on their tables.

Unit 12 The Fox and the Grapes

A 우리말 뜻을 쓰고, 영단어를 세 번 쓰면서 철자를 익히세요.

1	grape	포도		
2	hang			
3	thirsty			
4	reach			
5	try			
6	give up			
7	probably			
8	sour			

B 우리말 뜻에 맞는 영단어를 써 넣으세요.

1 (맛이) 신   s_____

2 매달리다   h_____

3 포기하다   g_____

4 시도하다   t_____

5 아마   p_____

6 포도   g_____

7 목이 마른   t_____

8 ~에 닿다/이르다   r_____

C 지문을 다시 읽으며 올바른 단어에 동그라미 하세요.

Title:

One hot afternoon, a fox is **1**(walks / walking) in the forest.

The fox sees some grapes **2**(hanging / hanged) high on a branch.

He is thirsty, so he wants to **3**(eats / eat) the grapes.

"Those grapes will make me **4**(no / not) thirsty."

He jumps up at the grapes.

But they are too **5**(high / low) for the fox to **6**(reached / reach).

The fox **7**(try / tries) again and again.

But he **8**(can't / can) reach the grapes.

The fox gives **9**(up / down) and walks away.

"The grapes are probably **10**(sour / sweet)."

Unit 13 Anne Sullivan

A 우리말 뜻을 쓰고, 영단어를 세 번 쓰면서 철자를 익히세요.

1	disease	질병			
2	met				
3	surgery				
4	tutor				
5	deaf				
6	blind				
7	taught				
8	learn				

B 우리말 뜻에 맞는 영단어를 써 넣으세요.

1 질병   d_____
2 시각 장애가 있는 b_____
3 청각 장애가 있는 d_____
4 가르쳤다   t_____
5 가정교사   t_____
6 만났다   m_____
7 알게 되다, 배우다 l_____
8 수술   s_____

C 지문을 다시 읽으며 올바른 단어에 동그라미 하세요.

Title:

When Anne Sullivan was five years old, she had an eye disease and couldn't see 1(good / well).

She studied 2(hard / hardly) at a school for the 3(blind / deaf).

She met a good teacher at the school.

So she had several eye surgeries.

4(Then / Than) she could see well.

In 1886, when Anne was twenty-one years old, she 5(goes / went) to Helen Keller's house to work as a 6(doctor / tutor).

Helen was a 7(six years old / six-year-old) girl.

She was deaf and blind.

Anne 8(teached / taught) Helen words.

Helen learned 9(that / what) everything has a name.

Unit 14　A Four-Wheel Bike

A 우리말 뜻을 쓰고, 영단어를 세 번 쓰면서 철자를 익히세요.

1	wheel	바퀴			
2	ride				
3	right now				
4	take off				
5	training				
6	get used to				
7	practice				
8	someday				

B 우리말 뜻에 맞는 영단어를 써 넣으세요.

1 연습하다　p_____

2 언젠가　s_____

3 떼어 내다　t_____

4 바퀴　w_____

5 (자전거를) 타다　r_____

6 지금 당장은　r_____

7 ~에 익숙해지다　g_____

8 훈련　t_____

C 지문을 다시 읽으며 올바른 단어에 동그라미 하세요.

Title:

Jimmy got his first bike **1**(in / on) his 10th birthday.

He liked it, but it was a **2**(four-wheel / two-wheel) bike.

He **3**(really / real) wanted to ride a two-wheel bike

4(because / after) most of his friends rode two-wheel bikes.

Jimmy's father said that a two-wheel bike is **5**(enough / too) dangerous for him right now.

He said he would take **6**(of / off) the training wheels for Jimmy after he got **7**(uses / used) to the four-wheel bike.

Jimmy practiced riding the four-wheel bike **8**(someday / every day).

9(Someday / Every day) he would ride a two-wheel bike.

Unit 15 The Senses of Smell & Hearing

A 우리말 뜻을 쓰고, 영단어를 세 번 쓰면서 철자를 익히세요.

		데우다; 따뜻한			
1	warm	데우다; 따뜻한			
2	through				
3	lung				
4	identify				
5	between				
6	hearing				
7	change				
8	send				

B 우리말 뜻에 맞는 영단어를 써 넣으세요.

1 사이에   b_____
2 보내다   s_____
3 식별하다   i_____
4 폐, 허파   l_____
5 바꾸다   c_____
6 듣기   h_____
7 데우다; 따뜻한   w_____
8 ~을 통해   t_____

C 지문을 다시 읽으며 올바른 단어에 동그라미 하세요.

Title:

We smell **1**(of / with) our noses.

We can smell **2**(more / less) than 10,000 different smells.

The nose cleans and warms the air, **3**(what / which) goes **4**(throw / through) the nose to the lungs.

Then the brain **5**(identifys / identifies) the smells.

We hear **6**(with / to) our ears.

We can hear sound waves **7**(between / below) 20 Hertz and 20,000 Hertz.

The sense of hearing happens when the ear changes sound waves into electrical signals and **8**(goes / sends) them to the brain.

Then the brain identifies the **9**(sounds / smells).

Unit 16 The Shoemaker and the Elves

A 우리말 뜻을 쓰고, 영단어를 세 번 쓰면서 철자를 익히세요.

1	o'clock	(정각) 시			
2	heard				
3	noise				
4	hid				
5	behind				
6	tool				
7	wore				
8	ran away				

B 우리말 뜻에 맞는 영단어를 써 넣으세요.

1 연장   t_____
2 들었다   h_____
3 입었다   w_____
4 (정각) 시   o_____
5 도망갔다   r_____
6 ~의 뒤에   b_____
7 숨었다   h_____
8 (시끄러운) 소리 n_____

C 지문을 다시 읽으며 올바른 단어에 동그라미 하세요.

Title:

One evening, **1**(at / on) twelve o'clock, the shoemaker and his wife heard a **2**(nose / noise).

They **3**(hided / hid) behind the door.

They wanted to know who was **4**(helping / help) them.

Two little **5**(elfs / elves) came into the house **6**(on / with) a bag of tools.

The elves **7**(wore / weared) old shirts and pants.

They were **8**(made / making) shoes.

But they didn't have any shoes for **9**(himself / themselves).

The two little elves made shoes all night.

Then they put the shoes on the table and ran **10**(off / away).

Unit 17 What Is in the Air?

A 우리말 뜻을 쓰고, 영단어를 세 번 쓰면서 철자를 익히세요.

1	oxygen	산소			
2	without				
3	amount				
4	everywhere				
5	climb				
6	less				
7	gas				
8	combine				

B 우리말 뜻에 맞는 영단어를 써 넣으세요.

1 올라가다   c_____
2 가스   g_____
3 산소   o_____
4 어디나   e_____
5 결합하다   c_____
6 더 적은   l_____
7 ~없이   w_____
8 (무엇의) 양   a_____

C 지문을 다시 읽으며 올바른 단어에 동그라미 하세요.

Title:

Do you know **1**(what / when) is in the air?

There is oxygen in the air.

Living things cannot live **2**(with / without) oxygen.

3(All / About) 21% of the air is oxygen.

But the amount of oxygen in the air isn't the same **4**(everywhere / every day).

When you **5**(climb / combine) up higher into the mountains, you get **6**(more / less) oxygen in the air.

About 78% of the air is **7**(oxygen / nitrogen).

And 1% of the air is many **8**(another / other) gases.

Oxygen, nitrogen, and many other gases **9**(climb / combine) to make air.

Unit 18 The Elephant and the Bird

A 우리말 뜻을 쓰고, 영단어를 세 번 쓰면서 철자를 익히세요.

1	fell	떨어졌다			
2	hurt				
3	wing				
4	pick up				
5	bug				
6	back				
7	scratch				
8	flew				

B 우리말 뜻에 맞는 영단어를 써 넣으세요.

1 다쳤다   h_____   2 떨어졌다   f_____

3 들어올리다 p_____   4 날개   w_____

5 벌레   b_____   6 날았다   f_____

7 등   b_____   8 긁다   s_____

C 지문을 다시 읽으며 올바른 단어에 동그라미 하세요.

Title:

One day, a bird **1**(falled / fell) from a tree and hurt her wings.

She looked **2**(up / down) at the tree and cried.

Suddenly, an elephant **3**(put / picked) up the bird with his nose and **4**(put / picked) her up in the nest.

She **5**(thank / thanked) the elephant.

A few days later, the bird **6**(heared / heard) a noise.

The elephant had a **7**(bug / bird) on his back.

He wanted to **8**(wash / scratch) his back, but he couldn't.

The bird **9**(flied / flew) to the elephant's back and ate the bug for him.

The elephant thanked the bird.

Unit 19 Louis Pasteur

A 우리말 뜻을 쓰고, 영단어를 세 번 쓰면서 철자를 익히세요.

1	science	과학			
2	became				
3	professor				
4	university				
5	curious				
6	spoil				
7	germ				
8	allow				

B 우리말 뜻에 맞는 영단어를 써 넣으세요.

1 세균   g_____   2 가능하게 하다, 허락하다 a_____

3 ~이 되었다 b_____   4 교수   p_____

5 과학   s_____   6 궁금한   c_____

7 대학   u_____   8 상하다   s_____

C 지문을 다시 읽으며 올바른 단어에 동그라미 하세요.

Title:

Louis Pasteur was **1**(born / burn) in France, in 1822.

2(Old / Young) Pasteur loved science.

He **3**(becomed / became) a chemistry professor at a university.

Pasteur was curious about **4**(what / how) wine and milk spoiled.

He studied hard and found out that **5**(heated / heating) up wine and milk can kill germs.

This is **6**(call / called) pasteurization.

Pasteurization can make wine, milk, cheese, and vinegar last **7**(longer / shorter) and become safer to eat and drink.

We **8**(already / still) use pasteurization today.

It **9**(allows / gives) us to keep food longer and safer.

Unit 20 The Goose with the Golden Eggs

A 우리말 뜻을 쓰고, 영단어를 세 번 쓰면서 철자를 익히세요.

1	special	특별한			
2	goose				
3	thought				
4	inside				
5	kill				
6	regret				
7	remember				
8	greedy				

B 우리말 뜻에 맞는 영단어를 써 넣으세요.

1 생각했다   t_____   2 후회하다   r_____

3 ~ 안에   i_____   4 기억하다   r_____

5 죽이다   k_____   6 욕심 많은   g_____

7 특별한   s_____   8 거위   g_____

Workbook

C   지문을 다시 읽으며 올바른 단어에 동그라미 하세요.

Title:

Once upon a time, a man and his wife had a very **1**(golden / special) goose.

Every day the goose **2**(lied / laid) a golden egg.

They became rich **3**(because / because of) the gold.

But the **4**(rich / richer) they became, the more gold they wanted.

The man and his wife **5**(thinked / thought) there would be many golden eggs inside the goose.

So they **6**(laid / killed) the goose.

But there were **7**(any / no) golden eggs.

They regretted **8**(what / how) they had done.

So remember! It isn't good to be **9**(rich / greedy)!

기적의 직독직해 80 words B

Answers

Unit 1 Storms | 폭풍

폭풍은 많은 비와 강한 바람을 야기해요.
폭풍에 대해 좋은 점들과 나쁜 점들이 있어요.

폭풍에 대해 한 가지 좋은 점은 그것들이 지구를 시원하게 해 준다는 거예요.
또 다른 좋은 점은 그것들이 대기로부터 공해를 제거해 준다는 거예요.
그것들은 모든 살아 있는 생물들에게 물을 줘요.

폭풍에 대해 나쁜 점은 그것들이 매우 위험하다는 거예요.
그것들은 농작물들과 집들에 피해를 줄 수 있어요.
그것들은 홍수를 초래할 수 있어요.
번개는 매년 산불을 일으켜요.

Comprehension Check (13쪽)

A
1. T 폭풍에 대해 나쁜 점들이 있어요.
2. F 폭풍은 공해를 집으로부터 제거해 줘요.
3. T 폭풍은 농작물과 집들에 피해를 줄 수 있어요.

B
1. ⓒ 폭풍에 대해 한 가지 좋은 점은 그것들이 지구를 시원하게 해준다는 거예요.
    ⓐ 따뜻하게 하다 ⓑ 만들다 ⓓ 파괴하다
2. ⓑ 폭풍에 대해 나쁜 점은 그것들이 매우 위험하다는 거예요.
    ⓐ 중요한 ⓒ 무거운 ⓓ 시원한
3. ⓒ 폭풍은 대기로부터 공해를 제거해 줘요.
    ⓐ 비 ⓑ 바람 ⓓ 홍수

C
1. ⓐ 그것들은 모든 살아 있는 생물들에게 물을 줘요.
2. ⓒ 폭풍은 많은 비와 강한 바람을 야기해요.
3. ⓑ 번개는 매년 산불을 일으켜요.

Read and Understand (14쪽)

1. 좋은 점들과 나쁜 점들이
2. 폭풍에 대해 한 가지 좋은 점은 ~이다
3. 대기로부터
4. 모든 살아 있는 생물들에게
5. 그것들이 매우 위험하다는 것
6. 그것들은 피해를 줄 수 있다
7. 그것들은 초래할 수 있다
8. 매년

Grammar Point (15쪽)

1. 진실은 존이 창문을 깨뜨렸다는 것이다.
2. 문제는 그녀가 그를 좋아하지 않는다는 것이다.

Workbook

A
1. 폭풍   2. 지구
3. 제거하다   4. 위험한
5. 피해를 주다   6. 초래하다
7. 홍수   8. 번개

B
1. Earth   2. flood
3. dangerous   4. remove
5. storm   6. cause
7. damage   8. lightning

C
Title: Storms
1. bring
2. are
3. cool
4. remove
5. water
6. that
7. damage
8. floods
9. year

Unit 2 Doing House Chores | 집안일 하기

사라와 캐시는 엄마가 아파서 침대에 누워 계시기 때문에 엄마가 걱정돼요.
그들은 오늘 그들의 엄마를 돕고 싶어 해요.
엄마가 집안일의 목록을 써요.

와! 할 일이 정말 많아요.
사라는 설거지를 해요. 그녀는 진공청소기로 집을 청소해요.
그녀는 꽃에 물을 줘요.
캐시는 빨래를 해요. 그녀는 화장실을 청소해요.
그녀는 개를 씻겨요.

사라와 캐시는 피곤해요.
그들의 엄마는 혼자서 이 모든 일을 해요.
그들은 그녀에게 미안한 마음이 들어요.

Comprehension Check 17쪽

A
1. T 사라와 캐시는 그들의 엄마를 돕고 싶어 해요.
2. T 그들은 할 일이 정말 많아요.
3. F 캐시는 잡안일의 목록을 써요.

B
1. ⓓ 그들의 엄마는 아파서 침대에 누워 있어요.
   ⓐ 숨어있는 ⓑ 자고있는 ⓒ 행복한
2. ⓑ 캐시는 개를 씻겨요.
   ⓐ 먹이를 주다 ⓒ 산책 시키다 ⓓ 빗겨주다
3. ⓐ 사라와 캐시는 피곤해요.
   ⓑ 지루한 ⓒ 배고픈 ⓓ 목마른

C
1. ⓑ 사라는 진공청소기로 집을 청소해요.
2. ⓒ 그들의 엄마는 혼자서 이 모든 일을 해요.
3. ⓐ 그들은 그녀에게 미안한 마음이 들어요.

Read and Understand 18쪽

1. 그녀는 아파서 침대에 누워 있다
2. 그들의 엄마를 돕기를
3. 집안일의 목록을
4. 설거지를 한다
5. 그녀는 물을 준다
6. 빨래를 한다
7. 그녀는 씻긴다
8. 그들은 미안한 마음이 든다

Grammar Point 19쪽

1. 나는 읽을 책이 많다.
2. 제니는 돌볼 애완동물이 많다.

Workbook

A
1. 걱정하는   2. ~ 때문에
3. 쓰다   4. 목록
5. 설거지하다   6. 진공청소기로 청소하다
7. 빨래하다   8. 그녀 혼자

B
1. do the laundry   2. by herself
3. list   4. write
5. do the dishes   6. worried
7. because   8. vacuum

C
Title: Doing House Chores
1. worried
2. list
3. to do
4. dishes
5. vacuums
6. waters
7. does
8. washes
9. herself
10. sorry

Unit 3 Butterflies and Moths | 나비와 나방

우리는 낮에는 형형색색의 나비들을 볼 수 있어요.
우리는 밤에는 회색이나 갈색의 나방들을 볼 수 있어요.

나비는 날개와 함께 가늘고 부드러운 몸을 가지고 있어요.
나방은 날개와 함께 두껍고 잔털이 있는 몸을 가지고 있어요.

나비는 꽃 위에 앉을 때 자신의 날개를 위쪽으로 접어요.
나방은 잎사귀 위에 앉을 때 자신의 날개를 아래쪽으로 펼쳐요.

세상에서 가장 큰 나비는 약 11인치예요.
세상에서 가장 큰 나방은 약 12인치예요.

Comprehension Check — 21쪽

A
1. T 나방은 회색이나 갈색이에요.
2. F 나비는 두껍고 부드러운 몸을 가지고 있어요.
3. T 12인치 나방이 세상에서 가장 큰 나방이에요.

B
1. ⓒ 우리는 밤에 나방들을 볼 수 있어요.
   ⓐ 낮 ⓑ 아침 ⓓ 오후
2. ⓒ 나방은 날개와 함께 두껍고 잔털이 있는 몸을 가지고 있어요.
   ⓐ 두껍고 부드러운 ⓑ 얇고 부드러운
   ⓓ 얇고 잔털이 많은
3. ⓐ 나비는 꽃 위에 앉을 때 자신의 날개를 위쪽으로 접어요.
   ⓑ 아래쪽으로 ⓒ 안쪽으로 ⓓ 바깥쪽으로

C
1. ⓒ 우리는 낮에는 형형색색의 나비들을 볼 수 있어요.
2. ⓑ 나비는 가늘고 부드러운 몸을 가지고 있어요.
3. ⓐ 나방은 자신의 날개를 아래쪽으로 펼쳐요.

Read and Understand — 22쪽

1. 낮에는
2. 회색이나 갈색의 나방들을
3. 가늘고 부드러운 몸을
4. 두껍고 잔털이 있는 몸을
5. 앉을 때
6. 나방은 자신의 날개를 펼친다
7. 약 11인치이다
8. 세상에서 가장 큰 나방은

Grammar Point — 23쪽

1. 나는 피자를 먹을 때 항상 콜라를 마신다.
2. 우리는 영화를 볼 때 팝콘을 먹는다.

Workbook

A
1. 형형색색의   2. 나방
3. 가는   4. 부드러운
5. 날개   6. 두꺼운
7. 접다   8. 펼치다

B
1. thick   2. moth
3. spread   4. thin
5. smooth   6. fold
7. colorful   8. wing

C
Title: Butterflies and Moths
1. colorful
2. moths
3. thin
4. thick
5. upward
6. downward
7. largest
8. The

Unit 4 Hansel and Gretel | 헨젤과 그레텔

헨젤과 그레텔은 숲 속에서 길을 잃었어요.
그들은 집으로 가는 길을 찾을 수가 없었어요.
그들은 무섭고 배가 고팠어요.

헨젤과 그레텔은 숲 속에서 작은 집을 발견했어요.
그 집은 빵으로 만들어졌어요. 지붕은 케이크로 만들어졌어요.
창문들은 사탕들로 만들어졌어요.
헨젤은 지붕 위로 올라가서 케이크를 먹었어요.
그레텔은 창문으로 가서 사탕들을 먹었어요.
갑자기 문이 열리고 한 할머니가 나타났어요.
그녀는 누구일까요? 헨젤과 그레텔에게 무슨 일이 일어날까요?

6. 헨젤은 올라갔다
7. 창문으로
8. 그리고 한 할머니가 나타났다

Grammar Point (27쪽)

1. 이 의자는 나무로 만들어졌다.
2. 그 집은 벽돌로 만들어졌다.

Comprehension Check (25쪽)

A
1. F 헨젤과 그레텔은 마을에서 길을 잃었어요.
2. T 헨젤과 그레텔은 무섭고 배가 고팠어요.
3. T 한 할머니가 작은 집에서 나왔어요.

B
1. ⓒ 그 집은 빵으로 만들어졌어요.
   ⓐ 벽돌 ⓑ 나무 ⓓ 얼음
2. ⓐ 지붕은 케이크로 만들어졌어요.
   ⓑ 사탕 ⓒ 초콜릿 ⓓ 나무
3. ⓔ 그레텔은 창문으로 가서 사탕들을 먹었어요.
   ⓐ 지붕 ⓑ 케이크 ⓓ 빵

C
1. ⓒ 그들은 집으로 가는 길을 찾을 수가 없었어요.
2. ⓑ 창문들은 사탕들로 만들어졌어요.
3. ⓐ 문이 열리고 한 할머니가 나타났어요.

Read and Understand (26쪽)

1. 숲 속에서
2. 무섭고 배고픈
3. 만들어졌다
4. 케이크로
5. 사탕들로

Workbook

A
1. 길을 잃은   2. 숲, 나무
3. ~로 만들어지다 4. 갔다
5. 먹었다   6. 갑자기
7. 나타나다   8. (일이) 일어나다

B
1. went   2. suddenly
3. be made of   4. woods
5. lost   6. appear
7. happen   8. ate

C
Title: Hansel and Gretel
1. were
2. hungry
3. found
4. made
5. of
6. candies
7. roof
8. window
9. an

Unit 5 Desert Life | 사막에서의 삶

지구에서 육지의 1/5은 사막이에요.
사막은 낮 동안에는 덥고 밤에는 추워요.
사막은 1년에 겨우 40cm 정도의 비가 와요.

사막 동물들은 낮 동안에는 자고 밤에 움직여요.
이것은 매우 덥고 마실 물이 많지 않기 때문이에요.
사막 식물들은 잎사귀들이 거의 없거나 아예 없어요.
또한, 그것들은 긴 뿌리를 가지고 있어요.
그래서 그들은 먼 거리에서부터 물을 얻을 수 있어요.

사막에서 사는 것은 쉽지 않아요.

Comprehension Check 29쪽

A
1. F 사막은 낮 동안에는 춥고 밤에는 더워요.
2. T 사막 동물들은 낮 동안에 잠을 자요.
3. F 사막 식물들은 긴 잎사귀들을 가지고 있어요.

B
1. ⓒ 지구에서 육지의 1/5이 사막이에요.
    ⓐ 1/3 ⓑ 1/4 ⓓ 1/6
2. ⓐ 사막 식물들은 잎사귀들이 거의 없거나 아예 없어요.
    ⓑ 동물 ⓒ 뿌리 ⓓ 물
3. ⓑ 사막 식물들은 긴 뿌리를 가지고 있어요.
    ⓐ 거리 ⓒ 잎사귀 ⓓ 나뭇가지

C
1. ⓒ 사막은 1년에 겨우 40cm 정도의 비가 와요.
2. ⓐ 그들은 먼 거리에서부터 물을 얻을 수 있어요.
3. ⓑ 사막에서 사는 것은 쉽지 않아요.

Read and Understand 30쪽

1. 육지의 1/5은
2. 낮 동안에는
3. 겨우 40cm 정도의 비를
4. 밤에
5. 마실

6. 거의 없거나 아예 없는 잎사귀들을
7. 긴 뿌리들을
8. 먼 거리에서부터
9. 사는 것은

Grammar Point 31쪽

1. 잭은 그 케이크의 4분의 1을 먹었다.
2. 그녀는 그 주스의 3분의 1을 마신다.

Workbook

A
1. 다섯 번째(의)   2. 육지, 땅
3. 사막   4. ~ 동안
5. 식물; 심다   6. 거의 없는
7. 뿌리   8. 거리

B
1. plant   2. desert
3. fifth   4. few
5. distance   6. root
7. during   8. land

C
Title: Desert Life
1. fifth
2. hot
3. cold
4. about
5. during
6. at
7. because
8. few
9. long
10. live

Unit 6 The New Classmate | 새로운 반 친구

선생님이 새로운 반 친구 에이미를 소개해요.
그녀는 무척 수줍어 보여요.
학생들은 새로운 반 친구에게 질문을 해요.
에이미는 너무 수줍어서 작은 목소리로 말해요.
그녀는 시카고에서 왔다고 말해요.
그녀는 그녀의 부모님과 쌍둥이 남자 형제들과 살아요.

학생들은 그녀에게 무엇을 잘하는지 물어요.
갑자기 에이미는 큰 목소리로 말해요.
그녀는 자기가 태권도를 잘한다고 말해요.
그녀는 검은띠를 가지고 있어요.
그녀는 발차기를 보여줘요.
그녀는 그들에게 태권도를 가르쳐 줄 거라고 말해요.
에이미는 더 이상 수줍어하지 않아요.

Comprehension Check 35쪽

A
1. T 에이미는 새로운 반 친구예요.
2. F 에이미는 그녀의 부모님과 남동생 한 명과 살아요.
3. T 에이미는 태권도를 잘해요.

B
1. ⓓ 에이미는 무척 수줍어서 작은 목소리로 말해요.
   ⓐ 예쁜 ⓑ 귀여운 ⓒ 소리가 큰
2. ⓑ 학생들은 그녀에게 무엇을 잘하는지 물어요.
   ⓐ 알맞은 ⓒ 좋아하다 ⓓ 무척 수줍은
3. ⓒ 그녀는 발차기를 보여줘요.
   ⓐ 검은띠 ⓑ 이야기하다 ⓓ 큰 목소리

C
1. ⓐ 선생님이 새로운 반 친구를 소개해요.
2. ⓑ 학생들이 새로운 반 친구에게 질문을 해요.
3. ⓒ 그녀는 그들에게 태권도를 가르쳐 줄 거고 말해요.

Read and Understand 36쪽

1. 선생님이 소개한다
2. 무척 수줍은
3. 새로운 반 친구에게
4. 작은 목소리로
5. 그녀는 시카고에서 왔다
6. 그녀가 무엇을 잘하는지
7. 큰 목소리로
8. 그녀의 발차기를

Grammar Point 37쪽

1. 나는 너무 무서워서 비명을 질렀다.
2. 그는 키가 너무 커서 몸을 숙여야 한다.

Workbook

A
1. 소개하다   2. 반 친구
3. 수줍어하는   4. 질문
5. (소리가) 작은 6. 목소리
7. (소리가) 큰   8. 발차기; 차다

B
1. voice   2. shy
3. low   4. kick
5. introduce   6. classmate
7. question   8. loud

C
Title: The New Classmate
1. classmate
2. that
3. low
4. from
5. what
6. loud
7. at
8. black
9. shows
10. them

Unit 7 Skin | 피부

당신의 피부는 당신의 몸을 덮어주고 보호해줘요.
그것은 당신의 뼈들, 근육들, 그리고 장기들을 보호해줘요.
그것은 또한 외부의 질병으로부터 당신의 몸을 보호해줘요.
그것은 당신의 몸을 섭씨 36.5도의 정상적인 온도로 유지해줘요.

피부는 촉각을 가지고 있어요. 그래서 당신은 부드럽고 단단한 것들을 느낄 수 있어요.
또한 피부는 열과 추위에 반응해요.

당신의 몸에서 가장 얇은 피부는 당신의 눈꺼풀이에요.
이것들은 당신의 눈을 보호해줘요.
당신의 몸에서 가장 두꺼운 피부는 당신의 발바닥이에요.

Comprehension Check — 39쪽

A
1. F 당신의 몸은 당신의 피부를 덮어주고 보호해줘요.
2. T 피부는 당신의 장기들을 보호해줘요.
3. T 당신의 눈꺼풀은 당신의 눈을 보호해줘요.

B
1. ⓒ 당신의 피부는 외부의 질병으로부터 당신의 몸을 보호해줘요.
   ⓐ 근육 ⓑ 장기 기관 ⓓ 뼈
2. ⓑ 피부는 촉각을 가지고 있어요.
   ⓐ 열, 열기 ⓒ 부드러운 ⓓ 거친
3. ⓐ 당신의 몸에서 가장 두꺼운 피부는 당신의 발바닥이에요.
   ⓑ 눈꺼풀 ⓒ 근육 ⓓ 발가락

C
1. ⓑ 당신은 부드럽고 단단한 것들을 느낄 수 있어요.
2. ⓒ 피부는 열과 추위에 반응해요.
3. ⓐ 눈꺼풀은 당신의 눈을 보호해줘요.

Read and Understand — 40쪽

1. 그리고 보호해준다
2. 외부의 질병으로부터
3. 정상적인 온도로
4. 촉각을
5. 당신은 느낄 수 있다
6. 열과 추위에
7. 가장 얇은 피부는
8. 당신의 발바닥이다

Grammar Point — 41쪽

1. 그는 반에서 키가 제일 큰 학생이다.
2. 이것은 도서관에서 가장 두꺼운 책이다.

Workbook

A
1. 보호하다 2. 근육
3. 외부의   4. 질병
5. 정상적인 6. 감각
7. 단단한   8. 열기, 열

B
1. tough   2. protect
3. outside   4. muscle
5. heat   6. sense
7. disease   8. normal

C
Title: Skin
1. protects
2. bones
3. from
4. normal
5. sense
6. tough
7. heat
8. thinnest
9. eyes
10. The

Unit 8 The Jungle Book | 정글북

표범 바기라는 배를 하나 발견해요.
거기에는 울고 있는 작은 아기가 있어요.
바기라는 그 아기를 늑대 가족에게 데리고 가요.
엄마 늑대가 "그는 작구나! 그는 벌거벗었어! 그는 대머리야!" 라고 말해요.
아빠 늑대는 그 아기를 모글리라고 이름 지어요.
그들은 그 남자아이를 키워요. 모글리는 그 늑대들과 함께 먹고 잠을 자요.

10년 후, 모글리는 힘이 센 어린 소년으로 성장해요.
호랑이 쉬어칸은 모글리를 해치고 싶어 해요.
모글리는 횃불을 이용해 그를 겁 주어 쫓아내요.

Comprehension Check (43쪽)

A
1. T 작은 아기가 배에서 울고 있어요.
2. F 바기라의 가족들은 그 남자아이를 키워요.
3. T 모글리는 그 늑대들과 함께 먹고 잠을 자요.

B
1. ⓓ 바기라는 그 아기를 늑대 가족에게 데리고 가요.
   ⓐ 표범 ⓑ 남자 ⓒ 호랑이
2. ⓐ 엄마 늑대가 '그는 작구나! 그는 벌거벗었어! 그는 대머리야!"라고 말해요.
   ⓑ 울고있는 ⓒ 모글리 ⓓ 아기
3. ⓑ 쉬어칸은 모글리를 해치고 싶어 해요.
   ⓐ 싫어하다 ⓒ 겁먹게 만들다 ⓓ 사용하다

C
1. ⓑ 아빠 늑대는 그 아기를 모글리라고 이름 지어요.
2. ⓐ 모글리는 힘이 센 어린 소년으로 성장해요.
3. ⓒ 모글리는 횃불을 이용해 그를 겁 주어 쫓아내요.

Read and Understand (44쪽)

1. 배를 하나 발견한다
2. 바기라는 데리고 간다
3. 그는 대머리야
4. 아빠 늑대는 이름을 지어 준다
5. 그 늑대들과 함께
6. 힘이 센 어린 소년으로
7. 횃불을(불타는 나뭇가지를) 이용해서

Grammar Point (45쪽)

1. 그들은 그들의 아들을 제임스라고 이름 짓는다.
2. 그녀는 그녀의 고양이를 벨라라고 이름 지었다.

Workbook

A
1. 표범
2. 벌거벗은
3. 대머리의
4. 키우다
5. 해치다
6. 겁먹게 하다
7. 불타는
8. 나뭇가지

B
1. burning
2. panther
3. bald
4. harm
5. naked
6. frighten
7. branch
8. raise

C
Title: The Jungle Book
1. finds
2. crying
3. takes
4. bald
5. names
6. raise
7. wolves
8. grows
9. away

Unit 9 Animal Eyes | 동물의 눈

대부분의 동물들은 두 개의 눈을 가지고 있지만, 어떤 것들은 그렇지 않아요.
지렁이는 눈이 없어요. 거미는 여덟 개의 눈을 가지고 있어요.

동물의 눈에 관한 몇 가지 멋진 사실들이 여기 있어요.
부엉이는 46미터 떨어진 곳에서 움직이는 동물을 볼 수 있어요.
잠자리는 그것의 눈 안에 30,000개의 수정체를 가지고 있어요.
돌고래는 한 쪽 눈을 뜬 채로 잠을 자요.
대왕 오징어는 세상에서 가장 큰 눈을 가지고 있어요.
그것은 지름이 약 27cm예요.
타조의 눈은 그것의 뇌보다 더 커요.
카멜레온은 다른 두 방향을 동시에 보기 위해서 각각의 눈을 따로따로 움직일 수 있어요.

Comprehension Check (47쪽)

A
1. T 어떤 동물들은 눈이 없어요.
2. T 부엉이는 멀리서 움직이는 동물을 볼 수 있어요.
3. F 카멜레온은 한 쪽 눈을 뜨고 자요.

B
1. ⓓ 잠자리는 그것의 눈 안에 30,000개의 수정체를 가지고 있어요.
   ⓐ 귀 ⓑ 행성 ⓒ 뇌
2. ⓑ 대왕 오징어는 세상에서 가장 큰 눈을 가지고 있어요.
   ⓐ 가장 작은 ⓒ 가장 예쁜 ⓓ 가장 재미있는
3. ⓑ 카멜레온은 다른 두 방향을 동시에 보기 위해서 각각의 눈을 따로따로 움직일 수 있어요.
   ⓐ 똑같은 ⓒ 아름다운 ⓓ 움직이는

C
1. ⓑ 지렁이는 눈이 없어요.
2. ⓒ 동물의 눈에 관한 멋진 사실들이 여기 있어요.
3. ⓐ 타조의 눈은 그것의 뇌보다 더 커요.

Read and Understand (48쪽)

1. 어떤 것들은 그렇지 않다
2. 눈이 없다
3. 46미터 떨어진 곳에서
4. 30,000개의 수정체를
5. 한 쪽 눈을 뜬 채로
6. 가장 큰 눈을
7. 더 크다
8. 다른 두 방향을

Grammar Point (49쪽)

1. 대부분의 아이들은 스마트폰을 가지고 있지만, 어떤 아이들은 그렇지 않다.
2. 대부분의 새들은 날 수 있지만, 어떤 새들은 그렇지 않다.

Workbook

A
1. 사실
2. 잠자리
3. 돌고래
4. 세상, 행성
5. 지름으로, 가로질러
6. 타조
7. 방향
8. 동시에

B
1. dragonfly
2. dolphin
3. fact
4. across
5. ostrich
6. at once
7. planet
8. direction

C
Title: Animal Eyes
1. don't
2. no
3. cool
4. away
5. lenses
6. with
7. planet
8. across
9. than
10. once

Unit 10 What Would Dad Say? | 아빠는 뭐라고 말씀하실까?

내가 두 살 때 아빠가 돌아가셨기 때문에 나는 아빠가 없어요.
그는 군대에서 조종사였어요. 우리 엄마는 그가 놀라운 분이었다고 말씀하셨어요.
그는 비행하는 것을 무척 좋아하셨어요.

나는 가끔 우리 아빠가 내게 뭐라고 말씀하실지에 대해 생각해요.
우리 야구팀이 경기에서 이기면 그는 뭐라고 말씀하실까?
내가 시험에서 A를 받으면 그는 뭐라고 말씀하실까?

나는 그가 나에게 뭐라고 말씀하실지 알고 있어요.
"에릭, 너는 대단한 아이구나! 나는 네가 그것을 해낼 줄 알았어!"

Comprehension Check 51쪽

A
1. T 에릭은 가끔 그의 아빠에 대해 생각해요.
2. F 에릭의 아빠는 야구 선수였어요.
3. F 에릭은 엄마가 없어요.

B
1. ⓒ 우리 야구팀이 경기에서 이기면 그는 뭐라고 말씀하실까?
   ⓐ 가지고 가다 ⓑ 앉다 ⓓ 만들다
2. ⓒ 그는 내가 두 살 때 돌아가셨어요.
   ⓐ 죽다, 4 ⓑ 죽이다, 2 ⓓ 죽였다, 4
3. ⓑ 내가 시험에서 A를 받으면 그는 뭐라고 말씀하실까?
   ⓐ 하다 ⓒ 알다 ⓓ 이기다

C
1. ⓑ 나는 네가 그것을 해낼 줄 알았어!
2. ⓐ 우리 엄마는 그가 놀라운 분이었다고 말씀하셨어요.
3. ⓒ 나는 가끔 우리 아빠가 나에게 뭐라고 말씀하실지에 대해 생각해요.

Read and Understand 52쪽

1. 그가 돌아가셨기 때문에
2. 그가 놀라운 분이셨다고
3. 비행하는 것을
4. 우리 아빠가 뭐라고 말씀하실지
5. 우리 야구팀이 게임에서 이기면
6. 내가 시험에서 A를 받으면
7. 너는 대단한 아이구나!

Grammar Point 53쪽

1. 우리는 그녀가 우리에게 뭐라고 말할지 알고 있다.
2. 그는 그의 선생님이 그에게 뭐라고 말씀하실지 알고 있다.

Workbook

A
1. 죽다   2. 비행기 조종사
3. 군대   4. 말했다
5. 놀라운   6. 가끔
7. 시험   8. 알았다

B
1. army   2. sometimes
3. pilot   4. amazing
5. test   6. said
7. knew   8. die

C
Title: What Would Dad Say?
1. died
2. said
3. flying
4. would
5. What
6. wins
7. get
8. say
9. knew

Unit 11 From Farm to Table | 농장에서 식탁까지

사과 씨앗을 심어요.
몇 주 후, 씨앗에서 줄기와 잎이 나와요.
식물에게 물을 주고 비료를 줘요. 사과를 수확해요.

사과를 서늘한 곳에 저장해요.
흙을 제거하기 위해 그것들을 물에 씻어요.
사과를 보호하기 위해 사과에 왁스를 뿌려요.
크기와 무게 별로 그것들을 포장해요.
시장들과 다른 가게들로 그것들을 배달해요.
사람들은 그들의 식탁 위에서 맛있는 사과를 즐길 수 있어요.

Comprehension Check (57쪽)

A
1. F 사과를 심어요. 사과 씨앗을 수확해요.
2. T 사과를 서늘한 곳에 저장해요.
3. F 사과를 보호하기 위해 사과에 물을 뿌려요.

B
1. ⓓ 몇 주 후, 씨앗에서 줄기와 잎이 나와요.
   ⓐ 사과 ⓑ 뿌리 ⓒ 나무
2. ⓑ 크기와 무게 별로 그것들을 포장해요.
   ⓐ 색깔 ⓒ 높이 ⓓ 모양
3. ⓒ 시장들과 다른 가게들로 그것들을 배달해요.
   ⓐ 집 ⓑ 학교 ⓓ 더운 방

C
1. ⓑ 식물에게 물을 주고 비료를 줘요.
2. ⓐ 흙을 제거하기 위해 그것들을 물에 씻어요.
3. ⓒ 사람들은 그들의 식탁 위에서 맛있는 사과를 즐길 수 있어요.

Read and Understand (58쪽)

1. 사과 씨앗을
2. 몇 주 후
3. 물을 주고 비료를 줘라
4. 사과를 저장해라
5. 흙을 제거하기 위해
6. 그것들을 보호하기 위해
7. 크기와 무게 별로
8. 그것들을 배달해라

Grammar Point (59쪽)

1. 세균을 죽이기 위해서 네 손을 씻어라.
2. 너는 학교에 가기 위해서 일찍 일어나야 한다.

Workbook

A
1. 씨앗
2. 몇몇의
3. 수확하다
4. 저장하다; 가게
5. 뿌리다
6. 포장하다
7. 무게
8. 배달하다

B
1. weight
2. pack
3. deliver
4. harvest
5. seed
6. spray
7. several
8. store

C
Title: From Farm to Table
1. seeds
2. stems
3. fertilize
4. Harvest
5. Store
6. Wash
7. wax
8. Pack
9. Deliver
10. enjoy

Unit 12 The Fox and the Grapes | 여우와 포도

어느 더운 오후, 여우 한 마리가 숲 속에서 걷고 있어요.
여우는 나뭇가지에 높이 달려 있는 포도를 봐요.
그는 목이 말라요, 그래서 그는 그 포도를 먹고 싶어 해요.
"저 포도들은 나를 목마르지 않게 해줄 거야."

그는 포도를 향해 뛰어 올라요.
그러나 그것들은 여우가 닿기에는 너무 높아요.
여우는 다시 또 다시 시도해요.
그러나 그는 그 포도들에 닿을 수가 없어요.
여우는 포기하고 떠나요.
"그 포도는 아마 실 거야."

Comprehension Check 61쪽

A
1. T 여우는 목이 말라요.
2. F 포도는 집에 달려 있어요.
3. F 여우는 포도를 먹어요. 그것들은 셔요.

B
1. ⓒ 여우는 나뭇가지에 높이 달려 있는 포도를 봐요.
   ⓐ 줄기 ⓑ 나뭇잎 ⓓ 밧줄
2. ⓑ 그는 목이 말라요, 그래서 그는 그 포도를 먹고 싶어 해요.
   ⓐ 배고픈 ⓒ 더운 ⓓ 피곤한
3. ⓑ 여우는 포기하고 떠나요.
   ⓐ ~을 따라서 ⓒ 빠르게 ⓓ 느리게

C
1. ⓑ 저 포도들은 나를 목마르지 않게 해줄 거야.
2. ⓐ 그는 포도를 향해 뛰어 올라요.
3. ⓒ 그 포도는 아마 실 거야.

Read and Understand 62쪽

1. 걷고 있다
2. 나뭇가지 위에
3. 먹는 것을
4. 목마르지 않게
5. 그는 뛰어 오른다
6. 다시 또 다시
7. 그 여우는 포기한다
8. 아마 실 것이다

Grammar Point 63쪽

1. 그 물고기는 잡기에는 너무 빠르다.
2. 이 상자는 나르기에는 너무 무겁다.

Workbook

A
1. 포도   2. 매달리다
3. 목이 마른   4. ~에 닿다/이르다
5. 시도하다   6. 포기하다
7. 아마   8. (맛이) 신

B
1. sour   2. hang
3. give up   4. try
5. probably   6. grape
7. thirsty   8. reach

C
Title: The Fox and the Grapes
1. walking
2. hanging
3. eat
4. not
5. high
6. reach
7. tries
8. can't
9. up
10. sour

Unit 13 Anne Sullivan | 앤 설리번

앤 설리번이 다섯 살이었을 때, 그녀는 눈 질병이 있어서 잘 볼 수가 없었어요.
그녀는 시각 장애인들을 위한 학교에서 열심히 공부했어요.
그녀는 그 학교에서 좋은 선생님을 만났어요.
그래서 그녀는 몇 번의 눈 수술을 받았어요.
그러고 나서 그녀는 잘 볼 수 있었어요.

1886년에, 앤이 스물 한 살이었을 때, 그녀는 가정교사로 일하기 위해 헬렌 켈러의 집으로 갔어요.
헬렌은 여섯 살 소녀였어요.
그녀는 청각 장애인이자 시각 장애인이었어요.
앤은 헬렌에게 단어들을 가르쳤어요.
헬렌은 모든 것에 이름이 있다는 것을 알게 됐어요.

Comprehension Check (65쪽)

A
1. F 앤 설리번은 다섯 살이었을 때 귀 질병이 있었어요.
2. T 앤 설리번은 몇 번의 눈 수술을 받았어요.
3. T 헬렌 켈러는 청각 장애인이자 시각 장애인이었어요.

B
1. ⓓ 앤 설리번은 시각 장애인들을 위한 학교에서 열심히 공부했어요.
    ⓐ 질병 ⓑ 청각 장애인 ⓒ 수술
2. ⓒ 앤 설리번은 헬렌 켈러의 가정교사였어요.
    ⓐ 엄마 ⓑ 학교 선생님 ⓓ 여자 형제
3. ⓑ 앤은 헬렌에게 단어들을 가르쳤어요.
    ⓐ 춤 ⓒ 노래들 ⓓ 감각들

C
1. ⓑ 그녀는 눈 질병이 있어서 잘 볼 수가 없었어요.
2. ⓐ 그녀는 그 학교에서 좋은 선생님을 만났어요.
3. ⓒ 헬렌은 모든 것에 이름이 있다는 것을 알게 됐어요.

Read and Understand (66쪽)

1. 눈 질병을
2. 시각 장애인들을 위한
3. 좋은 선생님을
4. 몇 번의 눈 수술을
5. 그녀는 잘 볼 수 있었다
6. 앤이 스물 한 살이었을 때
7. 여섯 살 소녀
8. 모든 것은 이름을 갖고 있다

Grammar Point (67쪽)

1. 나는 톰이 너의 친구라는 것을 알고 있다.
2. 샘은 동물들이 서로 의사소통 한다는 것을 알게 됐다.

Workbook

A
1. 질병　　2. 만났다
3. 수술　　4. 가정교사
5. 청각 장애가 있는　　6. 시각 장애가 있는
7. 가르쳤다　　8. 알게 되다, 배우다

B
1. disease　　2. blind
3. deaf　　4. taught
5. tutor　　6. met
7. learn　　8. surgery

C
Title: Anne Sullivan
1. well
2. hard
3. blind
4. Then
5. went
6. tutor
7. six-year-old
8. taught
9. that

Unit 14

A Four-Wheel Bike | 네발자전거

지미는 그의 열 번째 생일에 그의 첫 번째 자전거를 받았어요.
그는 그것이 마음에 들었지만, 그것은 네발자전거였어요.
그의 친구들 대부분은 두발자전거를 탔기 때문에 그는 정말로 두발자전거를 타고 싶었어요.

지미의 아빠는 지금 당장은 그에게 두발자전거는 너무 위험하다고 말했어요. 지미가 네발자전거에 익숙해진 후에, 그는 지미를 위해 보조 바퀴들을 떼어 주겠다고 말했어요.

지미는 매일 네발자전거 타는 것을 연습했어요.
언젠가 그는 두발자전거를 탈 거예요.

Comprehension Check 69쪽

A
1. F 지미는 자신의 생일에 두발자전거를 받았어요.
2. F 지미는 정말로 네발자전거를 타고 싶었어요.
3. T 지미는 네발자전거 타는 것을 연습했어요.

B
1. ⓐ 지미는 열 번째 생일에 그의 첫 번째 자전거를 받았어요.
   ⓑ 두 번째 자전거 ⓒ 두발자전거 ⓓ 세발자전거
2. ⓒ 지미의 아빠는 두발자전거는 너무 위험하다고 말했어요.
   ⓐ 빠른 ⓑ 쉬운 ⓓ 무서운
3. ⓒ 지미의 아빠는 지미가 네발자전거에 익숙해진 후에 지미를 위해 보조 바퀴들을 떼어 주겠다고 말했어요.
   ⓐ ~때문에 ⓑ ~전에 ⓓ 어떻게

C
1. ⓒ 그의 친구들 대부분은 두발자전거를 탔어요.
2. ⓑ 지미는 네발자전거 타는 것을 연습했어요.
3. ⓐ 언젠가 그는 두발자전거를 탈 거예요.

Read and Understand 70쪽

1. 그의 열 번째 생일에
2. 네발자전거
3. 두발자전거 타는 것을
4. 그의 친구들 대부분은

5. 너무 위험하다
6. 그가 떼어 낼 것이다
7. 지미는 연습했다
8. 그는 탈 것이다

Grammar Point 71쪽

1. 나는 아팠기 때문에 집에 있었다.
2. 그는 가난하기 때문에 그것을 살 수 없다.

Workbook

A
1. 바퀴
2. (자전거를) 타다
3. 지금 당장은
4. 떼어 내다
5. 훈련
6. ~에 익숙해지다
7. 연습하다
8. 언젠가

B
1. practice
2. someday
3. take off
4. wheel
5. ride
6. right now
7. get used to
8. training

C
Title: A Four-Wheel Bike
1. on
2. four-wheel
3. really
4. because
5. too
6. off
7. used
8. every day
9. Someday

Unit 15 The Senses of Smell & Hearing | 후각과 청각

우리는 우리의 코로 냄새를 맡아요.
우리는 10,000가지 이상의 다른 냄새들을 맡을 수 있어요.
코는 공기를 정화하고 데워 주는데, 그 공기는 코를 통과해서 폐로 가요. 그때 뇌는 냄새를 식별해요.

우리는 우리의 귀로 들어요.
우리는 20헤르츠에서 20,000헤르츠 사이의 음파들을 들을 수 있어요.
청각은 귀가 음파를 전기 신호로 바꾸고 그것들을 뇌로 보낼 때 일어나요.
그때 뇌는 소리를 식별해요.

Comprehension Check — 73쪽

A
1. T 우리는 10,000가지 이상의 다른 냄새들을 맡을 수 있어요.
2. F 귀는 공기를 정화하고 데워 줘요.
3. T 뇌는 소리를 식별해요.

B
1. ⓒ 우리는 우리의 코로 냄새를 맡아요.
   ⓐ 만진다 ⓑ 듣는다 ⓓ 먹는다
2. ⓐ 공기는 코를 통과해서 폐로 가요.
   ⓑ 심장 ⓒ 귀 ⓓ 뇌
3. ⓒ 귀는 음파를 전기 신호로 바꾸고 그것들을 뇌로 보내요.
   ⓐ 귀 ⓑ 코 ⓓ 눈

C
1. ⓑ 우리는 10,000가지 이상의 다른 냄새들을 맡을 수 있어요.
2. ⓐ 우리는 우리의 귀로 들어요.
3. ⓒ 코는 공기를 정화하고 데워 줘요.

Read and Understand — 74쪽

1. 우리의 코로
2. 10,000가지 이상의
3. 코를 통과한다
4. 뇌는 식별한다
5. 우리의 귀로
6. 음파들을
7. 그것들을 뇌로 보낸다
8. 그 소리들을

Grammar Point — 75쪽

1. 놀이공원이 있는데, 그것은 아이들을 행복하게 해준다.
2. 나는 그 빨간색 차를 봤는데, 그것은 그녀를 파티에 데리고 갔다.

Workbook

A
1. 데우다; 따뜻한   2. ~을 통해
3. 폐, 허파   4. 식별하다
5. 사이에   6. 듣기
7. 바꾸다   8. 보내다

B
1. between   2. send
3. identify   4. lung
5. change   6. hearing
7. warm   8. through

C
Title: The Senses of Smell & Hearing
1. with
2. more
3. which
4. through
5. identifies
6. with
7. between
8. sends
9. sounds

Unit 16 The Shoemaker and the Elves | 구두장이와 요정들

어느 날 저녁 12시에, 구두장이와 그의 아내는 어떤 소리를 들었어요. 그들은 문 뒤에 숨었어요.
그들은 누가 그들을 도와주고 있는지 알고 싶었어요.

두 명의 작은 요정들이 연장 가방을 가지고 집으로 들어왔어요.
그 요정들은 낡은 셔츠와 바지를 입고 있었어요.
그들은 신발을 만들고 있었어요.
그러나 그들은 자신들을 위한 신발은 전혀 없었어요.

두 명의 작은 요정들은 밤새도록 신발을 만들었어요.
그런 다음 그들은 그 신발들을 탁자 위에 올려 놓고 달아나 버렸어요.

Comprehension Check 79쪽

A
1. T 구두장이와 그의 아내는 저녁에 어떤 소리를 들었어요.
2. F 두 명의 작은 요정들은 문 뒤에 숨었어요.
3. F 구두장이와 그의 아내는 밤새도록 신발을 만들었어요.

B
1. ⓓ 구두장이와 그의 아내는 누가 그들을 도와주고 있는지 알고 싶었어요.
   ⓐ 듣고 있는 ⓑ 만들고 있는 ⓒ 가져가고 있는
2. ⓓ 두 명의 작은 요정들은 연장 가방을 가지고 집으로 들어왔어요.
   ⓐ 신발 ⓑ 셔츠 ⓒ 바지
3. ⓑ 요정들은 자신들을 위한 신발은 전혀 없었어요.
   ⓐ 연장 ⓒ 가방 ⓓ 옷

C
1. ⓑ 그들은 문 뒤에 숨었어요.
2. ⓒ 그들은 그 신발들을 탁자 위에 올려 놓고 달아나 버렸어요.
3. ⓐ 그 요정들은 낡은 셔츠와 바지를 입고 있었어요.

Read and Understand 80쪽

1. 12시에
2. 어떤 소리를 들었다
3. 문 뒤에
4. 그들은 알고 싶었다
5. 연장 가방을 가지고
6. 그 요정들은 입고 있었다
7. 그들 자신을 위한
8. 그리고 달아나 버렸다

Grammar Point 81쪽

1. 나는 누가 나를 돕고 있었는지 알고 있었다.
2. 그녀는 내게 누가 그 쿠키를 먹었는지 물었다.

Workbook

A
1. (정각) 시 2. 들었다
3. (시끄러운) 소리 4. 숨었다
5. ~의 뒤에 6. 연장
7. 입었다 8. 도망갔다

B
1. tool 2. heard
3. wore 4. o'clock
5. ran away 6. behind
7. hid 8. noise

C
Title: The Shoemaker and the Elves
1. at
2. noise
3. hid
4. helping
5. elves
6. with
7. wore
8. making
9. themselves
10. away

Unit 17 What Is in the Air? | 공기 중에는 무엇이 있을까?

공기 중에 무엇이 있는지 알고 있나요?
공기 중에는 산소가 있어요.
생물들은 산소 없이는 살 수가 없어요.

공기의 약 21%는 산소예요.
그러나 공기 중에 있는 산소의 양은 어디나 같지는 않아요.
당신이 산에 더 높이 오를 때, 당신은 공기 중에 더 적은 산소를 가져요.

공기의 약 78%는 질소예요.
그리고 공기의 1%는 많은 다른 가스들이에요.
산소, 질소, 그리고 많은 다른 가스들이 결합해서 공기가 돼요.

Comprehension Check 83쪽

A
1. T 공기 중에는 산소가 있어요.
2. F 생물들은 산소 없이 살 수 있어요.
3. F 공기의 약 21%는 질소예요.

B
1. ⓑ 당신이 산에 더 높이 오를 때, 당신은 공기 중에 더 적은 산소를 가져요.
   ⓐ 더 많은 ⓒ 더 무거운 ⓓ 더 가벼운
2. ⓐ 공기의 약 78%는 질소예요.
   ⓑ 산소 ⓒ 가스 ⓓ 공기
3. ⓑ 공기의 1%는 많은 다른 가스들이에요.
   ⓐ 질소 ⓒ 산소 ⓓ (무엇의) 양

C
1. ⓒ 공기 중에 무엇이 있는지 알고 있나요?
2. ⓐ 공기의 약 21%는 산소예요.
3. ⓑ 그리고 공기의 1%는 많은 다른 가스들이에요.

Read and Understand 84쪽

1. 당신은 알고 있는가?
2. 산소 없이는
3. 공기의 약 21%는
4. 같지는 않다
5. 더 적은 산소를
6. 공기의 약 78%는
7. 많은 다른 가스들이다

Grammar Point 85쪽

1. 나는 영어를 공부할 때 선생님이 필요하다.
2. 그는 어렸을 때 가난했다.

Workbook

A
1. 산소 2. ~없이
3. (무엇의) 양 4. 어디나
5. 올라가다 6. 더 적은
7. 가스 8. 결합하다

B
1. climb 2. gas
3. oxygen 4. everywhere
5. combine 6. less
7. without 8. amount

C
Title: What Is in the Air?
1. what
2. without
3. About
4. everywhere
5. climb
6. less
7. nitrogen
8. other
9. combine

Unit 18 The Elephant and the Bird | 코끼리와 새

어느 날, 새 한 마리가 나무에서 떨어져서 날개를 다쳤어요.
그녀는 나무를 향해 올려다보면서 울었어요.
갑자기, 한 코끼리가 코로 그 새를 들어올려서 둥지 안에 그녀를 올려놓았어요.
그녀는 코끼리에게 고마워했어요.

며칠 후, 그 새는 어떤 소리를 들었어요.
그 코끼리가 등에 벌레가 있었어요.
그는 등을 긁고 싶었지만 그럴 수가 없었어요.
그 새는 코끼리 등으로 날아가서 그를 위해 벌레를 잡아먹었어요.
코끼리는 새에게 고마워했어요.

Comprehension Check — 87쪽

A
1. F 새 한 마리가 나무에서 떨어져서 다리를 다쳤어요.
2. F 코끼리가 그의 발로 새를 들어올렸어요.
3. T 새는 코끼리의 등 위에 있는 벌레를 잡아먹었어요.

B
1. ⓐ 새는 나무를 향해 올려다보면서 울었어요.
   ⓑ 웃었다 ⓒ 긁었다 ⓓ 고마워했다
2. ⓓ 코끼리는 등에 벌레가 있었어요.
   ⓐ 얼굴 ⓑ 귀 ⓒ 코
3. ⓓ 새는 코끼리 등으로 날아가서 벌레를 잡아먹었어요.
   ⓐ 날다, 잡아먹다 ⓑ 날았다, 잡아먹다
   ⓒ 날다, 잡아먹었다

C
1. ⓒ 새 한 마리가 나무에서 떨어져서 날개를 다쳤어요.
2. ⓑ 그녀는 나무를 향해 올려다보면서 울었어요.
3. ⓐ 그는 등을 긁고 싶었어요.

Read and Understand — 88쪽

1. 새 한 마리가 나무에서 떨어졌다
2. 그녀는 올려다보았다
3. 한 코끼리가 들어올렸다
4. 그녀는 고마워했다
5. 며칠 후
6. 그의 등을 긁는 것을
7. 그리고 그 벌레를 잡아먹었다

Grammar Point — 89쪽

1. 나는 점프를 해서 다리를 다쳤다.
2. 벌 한 마리가 꽃으로 날아가서 꽃꿀을 조금 먹었다.

Workbook

A
1. 떨어졌다 2. 다쳤다
3. 날개 4. 들어올리다
5. 벌레 6. 등
7. 긁다 8. 날았다

B
1. hurt 2. fell
3. pick up 4. wing
5. bug 6. flew
7. back 8. scratch

C
Title: The Elephant and the Bird
1. fell
2. up
3. picked
4. put
5. thanked
6. heard
7. bug
8. scratch
9. flew

Unit 19 Louis Pasteur | 루이 파스퇴르

루이 파스퇴르는 1822년에 프랑스에서 태어났어요.
젊은 파스퇴르는 과학을 사랑했어요.
그는 대학교에서 화학 교수가 되었어요.

파스퇴르는 와인과 우유가 어떻게 상하는지에 관해 궁금했어요. 그는 열심히 연구해서 와인과 우유를 가열하는 것이 세균들을 죽일 수 있다는 것을 알아냈어요. 이것은 저온 살균이라고 불려요.
저온 살균은 와인, 우유, 치즈, 그리고 식초를 더 오래가고 먹고 마시기에 더 안전하게 만들 수 있어요.
오늘날 우리는 여전히 저온 살균을 이용해요.
그것은 우리가 음식을 더 오래 그리고 더 안전하게 보관하게 해줘요.

Comprehension Check (91쪽)

A
1. F 파스퇴르는 독일에서 태어났어요.
2. T 그는 열심히 연구해서 저온 살균을 발견했어요.
3. F 오늘날 우리는 저온 살균을 사용하지 않아요.

B
1. ⓑ 젊은 파스퇴르는 과학을 사랑했어요.
   ⓐ 교수들 ⓒ 대학교 ⓓ 프랑스
2. ⓒ 파스퇴르는 와인과 우유가 어떻게 상하는지에 관해 궁금했어요.
   ⓐ 섞였다 ⓑ 지속됐다 ⓓ 결합됐다
3. ⓒ 저온 살균은 음식을 더 오래가게 해줘요.
   ⓐ 상하다 ⓑ 먹다 ⓓ 사용하다

C
1. ⓐ 루이 파스퇴르는 1822년 프랑스에서 태어났어요.
2. ⓒ 그는 대학교에서 화학 교수가 됐어요.
3. ⓑ 그것은 우리가 음식을 더 오래 그리고 더 안전하게 보관하게 해줘요.

Read and Understand (92쪽)

1. 루이 파스퇴르는 태어났다
2. 대학교에서
3. 와인과 우유가 어떻게 상하는지
4. 세균들을 죽일 수 있다
5. 이것은 불린다
6. 더 오래가게
7. 우리는 여전히 이용한다
8. 더 오래 그리고 더 안전하게

Grammar Point (93쪽)

1. 책을 읽는 것은 네 마음에 도움을 준다.
2. 액션 영화를 보는 것은 스트레스를 풀어줄 수 있다.

Workbook

A
1. 과학 2. ~이 되었다
3. 교수 4. 대학
5. 궁금한 6. 상하다
7. 세균 8. 가능하게 하다, 허락하다

B
1. germ 2. allow
3. became 4. professor
5. science 6. curious
7. university 8. spoil

C
Title: Louis Pasteur
1. born
2. Young
3. became
4. how
5. heating
6. called
7. longer
8. still
9. allows

Unit 20 The Goose with the Golden Eggs | 황금알을 낳는 거위

옛날 옛적에, 한 남자와 그의 아내는 매우 특별한 거위 한 마리를 갖고 있었어요.
그 거위는 매일 황금알을 낳았어요.
그들은 그 금 때문에 부자가 되었어요.
하지만 그들은 더 부자가 될수록, 더 많은 금을 원했어요.

그 남자와 그의 아내는 그 거위 안에 많은 황금알이 있을 거라고 생각했어요. 그래서 그들은 그 거위를 죽였어요.
그러나 황금알은 없었어요. 그들은 그들이 저지른 일을 후회했어요.

그러니 기억하세요! 욕심부리는 것은 좋지 않아요!

Comprehension Check (95쪽)

A
1. T 그 거위는 매일 황금알을 낳았어요.
2. T 그들은 그 금 때문에 부자가 되었어요.
3. F 거위 안에는 많은 황금알들이 있었어요.

B
1. ⓒ 한 남자와 그의 아내는 매우 특별한 거위 한 마리를 갖고 있었어요.
   ⓐ 금 ⓑ 오리 ⓓ 닭
2. ⓐ 그들은 거위로부터 더 많은 금을 원했어요.
   ⓑ 은 ⓒ 올반 달걀 ⓓ 돈
3. ⓐ 그들은 거위 안에 더 많은 황금알이 있을 거라고 생각했어요.
   ⓑ ~밖에 ⓒ ~뒤에 ⓓ ~아래에

C
1. ⓑ 황금알은 없었어요.
2. ⓐ 그들은 그들이 저지른 일을 후회했어요.
3. ⓒ 욕심부리는 것은 좋지 않아요!

Read and Understand (96쪽)

1. 매우 특별한 거위 한 마리를
2. 그 거위는 낳았다

3. 그들은 부자가 되었다
4. 그들은 더 부자가 될수록
5. 그 거위 안에
6. 그들은 죽였다
7. 그들이 저지른 일을
8. 욕심부리는 것은

Grammar Point (97쪽)

1. 너는 더 많은 음식을 먹을수록 더 뚱뚱해진다.
2. 우리는 더 많이 가질수록 더 많이 갖고 싶다.

Workbook

A
1. 특별한
2. 거위
3. 생각했다
4. ~ 안에
5. 죽이다
6. 후회하다
7. 기억하다
8. 욕심 많은

B
1. thought
2. regret
3. inside
4. remember
5. kill
6. greedy
7. special
8. goose

C
Title: The Goose with the Golden Eggs
1. special
2. laid
3. because of
4. richer
5. thought
6. killed
7. no
8. what
9. greedy

Word Puzzle

32쪽 정답
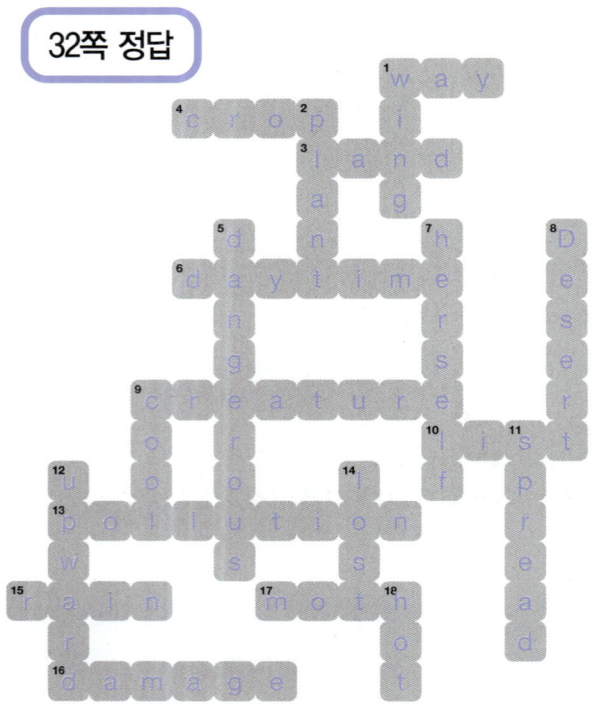

54쪽 정답
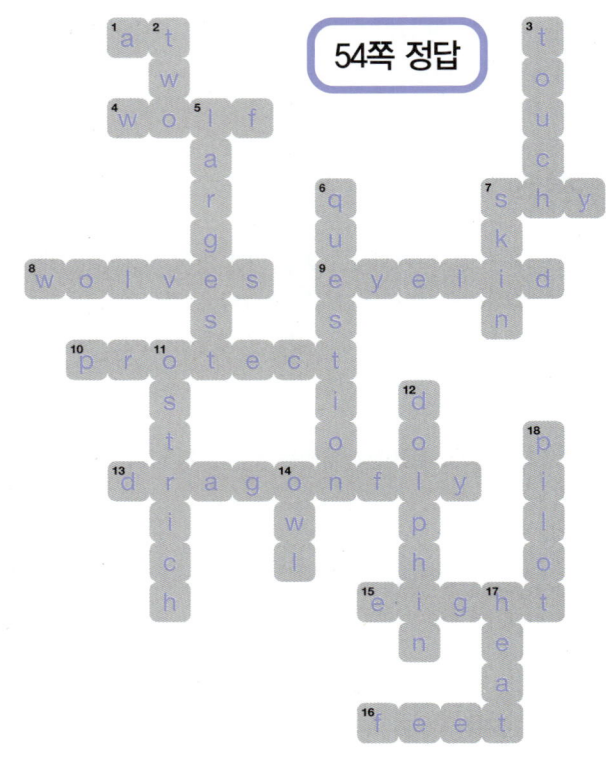

76쪽 정답

98쪽 정답
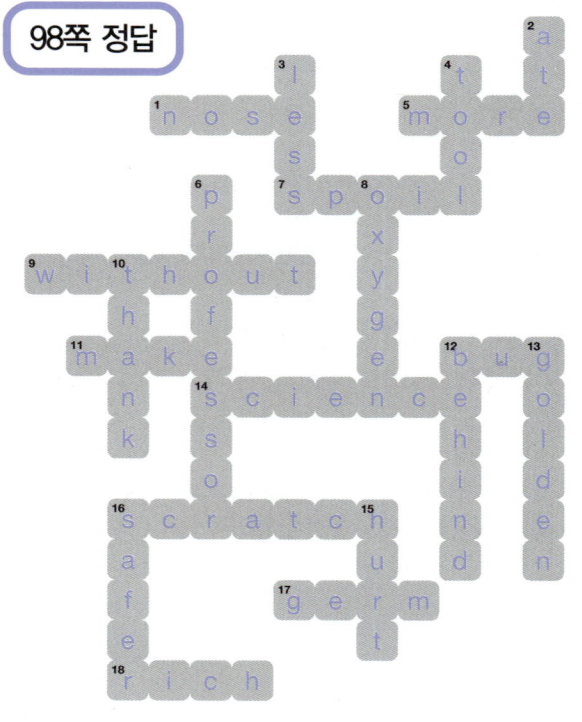

끊어 읽기로 빠르고 정확한 독해 완성하기

기적의 직독직해 80 words B

기적의 직독직해 시리즈

80 words Ⓐ   80 words Ⓑ

초등 고학년 | Lexile 410~600 | AR 2.3~4.3

120 words Ⓐ   120 words Ⓑ

예비 중학생 | Lexile 610~800 | AR 3.5~5.2